【中国人格读库】

国家新闻出版广电总局

培育和践行社会主义核心价值观主题出版重点出版物

吉鸿昌传

高占祥　主编

卢张滨　著

北京时代华文书局

图书在版编目（CIP）数据

吉鸿昌传 / 卢张滨著 . -- 北京：北京时代华文书局，2015.8（2022.3 重印）
（中国人格读库 / 高占祥主编）
ISBN 978-7-5699-0419-2

Ⅰ . ①吉… Ⅱ . ①卢… Ⅲ . ①吉鸿昌（1895 ～ 1934）一传记 Ⅳ . ① K825.2

中国版本图书馆 CIP 数据核字（2015）第 161471 号

吉 鸿 昌 传
Ji Hongchang Zhuan

主　　编 | 高占祥
著　　者 | 卢张滨

出 版 人 | 陈　涛
责任编辑 | 邢　楠
装帧设计 | 程　慧　段文辉
责任印制 | 訾　敬

出版发行 | 北京时代华文书局 http://www.bjsdsj.com.cn
　　　　　北京市东城区安定门外大街 138 号皇城国际大厦 A 座 8 楼
　　　　　邮编：100011　电话：010 - 64267955　64267677

印　　刷 | 三河市嵩川印刷有限公司　0316 - 3650395
　　　　　（如发现印装质量问题，请与印刷厂联系调换）

开　　本 | 787mm×1092mm　1/16　印　张 | 12.75　字　数 | 124 千字
版　　次 | 2016 年 1 月第 1 版　　印　次 | 2022 年 3 月第 3 次印刷
书　　号 | ISBN 978-7-5699-0419-2
定　　价 | 39.80 元

社会主义核心价值观与中国人格

周殿富

社会主义制度在中国已经建立了六十余年，而我们党则在本世纪初叶提出了培育弘扬社会主义核心价值观的重大课题，显然是其来有自。

社会主义的道德风尚在新中国蔚然兴起，曾经那样地风靡于二十世纪中叶。邓小平同志曾经在改革开放中讲过，当年"这种风气不仅是中国历史上从来没有过的，而且受到了世界人民的赞誉"。然而可惜的是，这个在社会主义制度建立与实践中，同步兴起的社会主义道德风尚的成长道路，却是一波四折。半个多世纪以来，它先是与共和国一道遭受了十年"文革"的浩劫；接着便是全党工作重心转移到改革开放进程中，欧风美雨"里出外进"的浸洗濡染；再接着是西方"和平演变"在东欧得手的强烈震荡与冲击；最后又是市场经济中那两只"看不见的手"在搅动着、嬗变着人们的价值取向。至少在国民中出现了价值观上的多层次化，传统美德的弱化，社会道德文明水准的退化，光荣革命传统的淡化，这也许正是中央在本世纪初提出社会主义核心价值观的原因吧。

不管怎么"变"，怎么"化"，当我们回首来时路，却不能不说，中华民族真的很强大，很值得骄傲。人类经历了几千年的文明进程，堪称世界文化之源的"五大文明古国"，其他四大古国文明都已被历史淘汰灭亡，只有中国成了唯一的延续存在。近现代即使那般的积贫积弱，被西方列强豆剖瓜分、弱肉强食，想亡我中华都不可能，就连最强大的美帝国主义，最凶残的日本军国主义都成为我们的手下败将，而且打出了一个新中国，且跨过整整一个历史阶段，直接进入了社会主义。西方敌对势力几十年不遗余力地对新中国百般围剿，"冷战""热战""和平演变"手段用尽，连如此强大的前苏联乃至整个苏东阵营都被瓦解了，而社会主义的旗帜仍旧在960万平方公里的土地上高高飘扬，而且昂首挺胸地屹立在世界的东方，中国真的是太强大了。几十年来的瞩目成就，竟然令西方发出了"中国威胁论"。你管他别有用心也好，言过其实也好，总比让别人说我们是"瓷器"，是"东亚病夫"好吧？1840~1949年的一百零九年间，中国尽受别人的欺负、"威胁"了，我们也能让那些昔日列强有点"威胁感"，又有什么不好？更何况这是他们自己说的啊！我们并没吹嘘，也没有去做。几千年来我们侵略过谁呢？"反战""非攻""兼相爱，交相利"，中国古有墨子，近有周恩来、邓小平同志。这也是中华民族固有传统美德的延续吧！

生于忧患，死于安乐，这也当是中华民族的一个传统美德吧？几十年来尽管中国如此繁荣兴旺，但从邓小平生前一直到党的"十八大"以来，无论哪一届中央领导集体，从来都没有忘记过国之忧患。忧在何处，患在何处呢？

二十世纪八十年代末，邓小平同志曾经在半年的时间内四次提到：中国改革开放十年最大的失误在教育，在"对青年的政治思想教育抓得不够""对人民的教育不够"，足见他的痛心疾首。他晚年时又提到了"国格"与"人格"的问题，讲道："谈到人格，但不要忘记还有一个国格。特别是像我们这样第三世界的发展中国家，没有民族自尊心，不珍惜自己民族的独立，国家是立不起来的。"

（精装版《邓小平文选》第3卷331页。）

人们很少注意到邓小平的这一段话，但邓小平恰恰是在这里把"国格""人格"提升到了事关"立国"的高度。

那么，什么是我们社会主义的"国格"呢？邓小平讲得很明白："民族自尊心""民族的独立"。

新中国一路走来，我们最大的尊严便是完全靠"自力"，靠"艰苦奋斗"，而达"更生"之境。对西方敌对势力的"冷战""热战""和平演变"，我们何曾有过屈服？也正是在这一前提下，我们才有真正的"民族独立"。这就是我们的国格。那么什么是我们中国人的人格呢？邓小平同志在这里没有讲，但他在1978年4月22日召开的全国教育工作会议上的讲话中，在讲到我们的教育培养目标时，至少提到与社会主义人格相关的各个方面：革命的理想，共产主义的品德，勤奋学习，严守纪律，艰苦奋斗，努力上进，爱祖国，爱人民，爱劳动，爱科学，爱护公共财产，助人为乐，英勇对敌，集体主义精神，专心致志地为人民工作，等等。这里的哪一条不属于社会主义人格的范畴呢？

2006年党的十六届三中全会，第一次提出了"建设社会主义核心价值体系"的历史性命题和战略任务。2007

年，胡锦涛同志在"6·25"讲话中又具体提出这个"体系"包括四个方面的内容：①马克思主义的指导思想；②中国特色社会主义共同理想；③以爱国主义为核心的民族精神和以改革创新为核心的时代精神；④社会主义荣辱观。这四个方面，一是信仰，二是理想，三是精神，四是道德文明，哪一个不在社会主义人格的范畴之内呢？党的十七届六中全会又提到了社会主义核心价值体系是"兴国之魂"。

2012年11月，在党的"十八大"上又用"三个倡导"把社会主义核心价值观概括为十二项：①倡导富强、民主、文明、和谐；②倡导自由、平等、公正、法制；③倡导爱国、敬业、诚信、友善。而且中办文件又把这"三个倡导"分为三个层面：第一个"倡导"的四项，是国家层面的价值目标；第二个"倡导"的四项，是社会层面的价值取向；第三个"倡导"的四项，是公民个人层面的价值准则。实际上前两个"倡导"的八项都是属于"国格"范畴，而第三个"倡导"是属于"人格"范畴。

那么，我们怎样才能在前面讲到的那些历史嬗变中培育建构起这个"核心价值观"呢？中共中央政治局的第十三次集体学习，似乎很明确地回答了这个问题。

新华社北京2014年2月25日电讯称：中央政治局在2月24日，以弘扬社会主义核心价值观，弘扬中华传统美德为内容，进行了集体学习，习近平总书记在主持学习时强调：

培育和弘扬社会主义核心价值观必须立足中华优秀传统文化。牢固的核心价值观，都有其固有的根本。抛弃传统、丢掉根本，就等于割断了自己的精神命脉。博大精深的中国优秀传统文化是我们在世界文化激荡中落稳脚跟的根基。中华文化源远流长，积淀着中华民族最深层的精神追求，代表着中华民族独特的精神标识，为中华民族生生不息、发展壮大提供了丰厚滋养。中华传统美德是中华文化精髓，蕴含着丰富的思想道德资源。不忘本来才能开辟未来，善于继承才能更好创新。对历史文化特别是先人传承下来的价值理念和道德规范，要坚持古为今用、推陈出新，有鉴别地加以对待，有扬弃地予以继承，努力用中华民族创造的一切精神财富来以文化人，以文育人。

习近平总书记的这段论述相当精辟，对于如何培育建构社会主义核心价值观问题从四个方面剀切明白。

第一，他明确指出要在中华优秀传统文化的基础上，来构造我们的社会主义核心价值观，而不能割断历史。这一条十分重要，否则我们便会失去我们的本来面目，便会成为无源之水，也就无法走向未来。

第二，指出了中华传统美德是中华文化精髓，蕴含着丰富的思想道德资源。这就为我们揭示了社会主义核心价值观，要以弘扬优秀的中华传统美德为基础。

第三，他指出，对传统文化在扬弃中继承，在继承中创新。这就是说，社会主义核心价值观的内涵，既要有优良传统的文化精神，也要有时代精神，是二者的有机结合。

第四，他指出要用中华民族创造的一切精神财富，来化人育人。这就是说，弘扬中华民族文化，并不只是传承儒学那些道统，而是要弘扬全民族共创的优秀传统文化。同时也就是说，培育、弘扬社会主义核心价值观的根本目的是化民、育人。

尤其值得瞩目的是，习近平总书记在这次讲话中提到了一个"中华民族独特的精神标识"问题，而在同年的全国组织部长会议上又提出我们再也不能以GDP论英雄的思想。让人欣慰的是，思想道德文化建设终于被提升到一个民族的标识地位，这至少表明中国人的思想观念，并不落伍于世界潮流。

并不受人欢迎的亨廷顿生前给他的祖国提出的警示忠告，竟是如何弘扬他们没有多少历史和文化的"传统文化"："盎格鲁新教精神——美国梦"，以此为国家的"文化核心"问题。他讲道："在一个世界各国人民都以文化来界定自己的时代，一个没有文化核心而仅仅以政治信条来界定自己的社会，哪有立足之地？"所以，他提醒他无限忠于的祖国，一定要巩固发扬他们自入居北美以来，在新教精神基础上形成的"美国梦"理念的"文化核心"地位，这样才能消解这个国家的民族与文化双重多元化的危机。为此，他甚至预言美国弄不好会在本世纪中叶发生分裂。而且他公开预言不列颠大英帝国也会因民族与文化多元化的问题，导致在本世纪上半期发生分裂。

西方的一些专家学者们也十分强调国家民族文化的地位问题，柏克说："全世界的人根据文化上的界限来区分自己。"丹尼尔同样说："保守地说，真理的中心在于，对一个社会的成功起决定作用的是文化，而不是政治。开明地说，真理的中心在于，政治可以改变文化，使文化免于沉沦。"这些语言也可能有它们的局限性与某种非唯物性，但至少可以让我们看到那些发达的资本主义国家在想什么，至少与马克思主义经典作家们，关于意识形态并不总是消极被动地接受它的经济基础的论断并不相悖。

中国显然具有世界上最悠久的民族文化，同时显然也拥有世界上最强大的政治优势。新中国包括它直接进入社会主义的经济形态，以及其后的一次次经济变革，哪一次不是靠政治力量在强力推动呢？它当然同样拥有让我们几千年的民族文化"免于沉沦"的能力。有学人认为我们的民族文化早就被以往一次次的历史性灾难割裂了，这个看法显然都是毫无道理的。但我们当下却确实面临着"两个传统"失传失统的危险。中国的传统文化与优秀的民族美德，在当代国民中还有多少传承？老一代中国共产党人用生命与鲜血铸就的光荣革命传统，在党内还有多少"光大"？我们现在全民族的"核心文化"到底在何处？"社会主义核心价值观"的提出不仅符合世界潮流，也是使我们优秀的民族文化得以传承而不发生历史断裂的根本保证。富和强永远都不是一个民族的标志，哪个国家不可以富，不可以强？但能代表中国"这一个"本来面目，具有自己民族特色的，唯有中华民族的文化，能代表中国人形象的只有中国独具的道德人格。什么是人格？人格就是原始戏剧中不同角色的本来面目。

综上所述，我们是不是可以这样认为，社会主义核心价值观应内含如下的成分：中华民族传统文化中的优秀传统美德；中国人民近现代反帝反侵略反封建的爱国主义、斗争精神与中国共产党领导下形成的几十年光荣革命传统；中国化了的马克思主义有中国特色社会主义的共同理想；与"中国梦"远大目标相适应的时代精神。由这些内涵构成的社会主义核心价值观，用它来干什么呢？用习近平总书记的话来说就是"化人""育人"，把它再具体化一下，无非是打造能体现中华民族特色，代表中国形象的国格、人格。在思想道德层面上，一个国家的民族精神也只有在人的身上才能体现，所以我们依据社会主义核心价值观的基本要求，针对当代青少年的实际情况，策划了《中国人格读库》这样一套大型系列选题。

本套书承蒙全国少工委、中华文化促进会、团中央中国青年网三家共同主办推广，并积极提供书稿。难得高占祥老前辈热情出任该套书的编委主任，且高占祥同志不辞屈就加盟主创作者队伍。一些大学、中学教师与青年作者也积极加盟此套书的编写。该选题被国家新闻广电出版总局列为2014年全国社会主义核心价值观重点选题，在此一并鸣谢。

希望本套书的出版能为社会主义核心价值观的培育与弘扬，为促进青少年的道德人格养成起到积极的作用。欢迎广大读者与作家对不足之处批评教正，多提宝贵建议与指导意见。

谨以此代出版前言并序。

二〇一四年十月

于北京时代华文书局

引言

渴饮美龄血，饥餐介石头。
归来报命日，恢复我神州。

这是一首民族英雄谱写的诗歌，表达了自己强烈的爱国情怀，作者就是爱国将领吉鸿昌。在吉鸿昌遇难五十周年的纪念会上，有着这样的纪念题文：吉鸿昌同志不仅仅是西北军人中的佼佼者，而且也是共产党员中的佼佼者，当他被国民党反动派枪杀时，是那样的坚毅而安详、英勇和壮烈！他为了挽救国家危亡，坚持民族大义，最后洒出热血为国捐躯。吉鸿昌，这位浩气长存、坚贞不屈的民族英雄，他的事迹在中国广为流传，影响了一代又一代的人。

吉鸿昌 1895 年出生，身材魁梧，胡须茂盛，英姿威严，态度和蔼。1913 年投笔从戎，他最初在冯玉祥手下当兵，后渐次升为连长、营长、旅长、师长。1929 年，吉鸿昌任国民军第十军军长、宁夏省政府主席；1930 年 3 月，任冯玉祥第二军副总指挥兼十一师师长；同年 10 月，任国民革命军第二十二路军总指挥。1932 年他加入中国共产党，实现了世界观的根本转变，成为一名真正的共产主义战士。1934 年，吉鸿昌为抗日救国被蒋介石杀害。

在民族危亡的时刻，吉鸿昌毅然毁家纾难，奔赴抗日的第一线。他就任抗日同盟军北路军总指挥，统率抗日同盟军与日寇浴血奋战，收复了张家口以北至多伦地区的大片国土，狠狠打击了日本侵略者的嚣张气焰，谱写了民族抗日救亡的壮丽诗篇，极大地推动了当时民族抗日救亡运动的蓬勃发展。为救国救民于水深火热之中，吉鸿昌把个人安危置之度外，战斗中经常挥舞大刀，身先士卒，出生入死。这样一位抗日民族英雄，没有倒在战场上，却以"违反国策"的罪名被杀害。在刑场上，吉鸿昌面对反动派的枪口毫不畏惧，慷慨陈词，痛斥卖国贼，大义凛然，最后英勇就义，临死前还留下了"恨不抗日死，留作今日羞。国破尚如此，我何惜此头"的壮志豪言，显出了一个中国共产党党员的英雄气概。新中国成立后，毛泽东曾亲自签署烈士证发给他的家属，人民也深深纪念他。

目录

一、英雄出少年

　　吉鸿昌（1895—1934），字世五，原名吉恒立，出生在豫东平原扶沟县东北的吕潭镇。父亲吉茂松，字筠亭，为人豪爽，性格豁达，以结交朋友、助人为乐为生平快事。吉茂松是当地富户吉家义子吉业运的儿子。只是吉业运不幸中年去世，只留下一对孤儿寡母相依为命，最终被吉业运的几个兄弟霸占了家产，赶出了家门。而吉茂松的母亲为人性格火暴，不畏强暴，难以咽下这口恶气，于是不停地同吉业运的几个兄弟打官司，企望依靠衙门夺回家产。只是面对当时"有理无钱莫进来"的官府，一对孤儿寡母也是有心无力，即使花尽了钱财也不见赢下官司的希望。

　　而吉茂松从小跟着母亲东奔西走，吃尽了世态炎凉之苦，比起他的同龄人，也就过早地成熟了。他痛恨世道的不平和恃强凌弱的残忍，想要做一个行得正、坐得端、助人为乐的人。长大后他在码头开起了一个小小的茶馆维持生计。茶馆很小，只有几张白木方桌，几把椅子，十几条板凳，一口烧水的大锅，两把茶壶，靠着码头的便利和辛勤的付出，虽然只能吃糠咽菜，也能勉强填饱肚子。吉茂松性格爽快，待人热情，茶馆日渐兴隆红火，茶客络绎不绝，经常是客满为患。过路客商借着香茶，相互交换路上的见闻，抑或谈生意、做买卖等，常常是高兴而来，满意而归。当时年纪还小的吉鸿昌身为家中长子，十分乖巧懂事，从不让父母担心，也常常在茶馆中帮忙招待客人。担柴、烧水、端茶，他都干得妥妥当当。那时正值一个国难当头、风云多变的年头。时局变化、民生乖蹇，怎样救国、怎样强国，常常是茶客们的主要话题，这就给吉鸿昌提供了一个增广见闻的好机会，让他自小便浸染了救亡图强、报效国家的思想。但孩子总归是孩子，他常常听着那些过路客人们的谈论入了迷，忘记了烧水，端茶，慢待了茶客，也会受到父亲的训斥。茶客们品茗时眉飞色舞地说古道今，诸如黄河泛滥对豫东的肆虐啦；南方孙中山提出的"驱除鞑虏，恢复中华，建立民国，平均地权"的主张啦；离扶沟不远的项城出了个袁世凯，他在朝廷做了大官、权势滔天啦。这些国家大事让吉鸿昌听得半懂不懂，但他依然津津有味站在一旁听着。有时候，茶馆里也会来一些说书人，他们会讲古代的英雄故事，霍去病、岳飞、花木兰、梁红玉等等，让幼小的吉鸿昌产生无限的仰慕之情。

每个孩子都有自己天真烂漫的童年，吉鸿昌也不例外。初冬穷人的孩子们都要给家里捡柴火。吉鸿昌是附近的孩子头，

孙中山

他会约上三五个小伙伴，沿着田间小道，一路撒着欢儿东奔西跑；跑累了，就把成捆的玉米秆铺在地上，在上面打滚、嬉戏，别提多痛快了；玩够了，每人捡上一小捆柴背回家交差。到了夏天，附近的小河汊和波光粼粼的大池塘，是吉鸿昌最喜欢去的地方，这天，吉鸿昌又偷偷溜出来，却被弟弟发现了，他使劲儿哭着喊着要跟哥哥去玩。吉鸿昌熬不过他，只好带他一起来。吉鸿昌对弟弟连嘱咐带吓唬，只让他在岸边看热闹，不准下水。在池塘里，吉鸿昌和几个小伙伴打水仗、扎猛子，正玩得痛快时，忽然传来了弟弟的尖叫。他吓坏了，急忙冲过去，把呛了水的弟弟拉上了岸。又惊又怕的吉鸿昌看见弟弟吓得直哭，也没了脾气，从此以后再也不敢让弟弟跟着自己到河汊玩。很快，他自己也告别了水塘，走进了学堂。

对吉鸿昌成长影响最大的是他的父亲。吉茂松对他管得很严，他曾对好友说"孩子是一棵树苗，要舍得修剪。对孩子要从小严加管教，叫他知道怎样做人。"吉鸿昌看到自己的小伙伴上了学，这使他十分羡慕，回家也恳求父亲让自己上学馆念书识字，父亲不愿意让孩子失望，看到义学没有位置就想让孩子到收费的学堂读书，吉鸿昌天天眼巴巴地盼着。吉茂松四处凑钱登门恳求老师收留吉鸿昌，但是名额已满，只好等机会。一直等到来年春天，河里来来往往的船少了，茶馆的生意也不好，不需要吉鸿昌天天照顾，吉鸿昌被学堂里学生们琅琅的读书声吸引，便偷偷去旁听，如果有空座的话，他便悄悄进入教室坐下听。有一次，吉鸿昌正听得津津有味，突然一声响动，原来是讲课的先生先生发现了吉鸿昌这张陌生的面孔。于是他便被当作野孩子赶了出来。但是他对学习的渴望使父亲深为感动，吉茂松再次托人向老师说情，他的至诚感动了老师。吉鸿昌终于可以进入学馆学习了。在入学的头一天，他特意换上了崭新的新衣服。

尽管上了学，吉鸿昌还是像以前一样帮助父亲料理茶馆生意。他知道家里经济困难，除了购买必备的课本和笔墨纸砚，从不伸手多要钱，他自己想出了练字的方法，坐在灶前烧水时，用草棍在地上写了擦，擦了写；没有顾客的时候，便趴在桌上用食指沾着客人喝剩的茶水写，写得高兴时连客人也忘了招呼。睡觉前总是侧过身在墙上写一通，墙壁上随处可见密密麻麻的字迹。吉茂松怕委屈了孩子，咬了咬牙买些纸回去。穷人的孩子总是很容易心满意足的，有了纸的吉鸿昌晚上借着一点暗淡的灯光，占据桌子的一角读书写字。

父亲豪爽的性格也影响了吉鸿昌，他从小就爱见义勇为、打抱不平。他最受不了学馆里阔少们对穷学生的耍笑和侮辱。寒冬的教室潮湿阴冷。衣着单薄的穷学生冻得瑟瑟发抖，而身着轻裘的阔少们却在幸灾乐祸地挤眉弄眼，轻蔑地撇嘴嘲弄穷学生。吉鸿昌看在眼里记在心中。同学张有年寒冷难耐急于回家，不慎把裤子撕裂了，露出了冻得发紫的皮肤，遭到几个阔少的奚落羞辱。这时吉鸿昌冲上来气呼呼地要把这些阔少赶走，结果受到了阔少们的围攻，他毫无畏惧地捍卫着自己的尊严，虽然最后浑身是伤，但却吓跑了这群阔少。恶人先告状，几个吃了亏的阔少到老师那里指责吉鸿昌挑起事端，老师听取一面之词，严厉地斥责了吉鸿昌。而吉鸿昌对自己的所作所为丝毫不后悔，他不由地想起父亲小时候跟随祖母打官司的往事，打心眼儿里佩服那些在恶势力面前不低头、不屈服的人，同时更下定决心要成为这样的人。

由于一口恶气压在心口，吉鸿昌有些闷闷不乐，干活时也没有办法专心，常常走神。有一次为客人沏茶时，竟不慎把开水扬到了身上，烫起一大片水泡，但吉鸿昌性格坚强，倒也没有大喊大叫，只是无法再去上学了。他躺在床上翻来覆去地想，自己不仅没有给父亲帮上忙，反而还要父亲花钱买药给自己治伤，很是自责与内疚，于是便决定外出学习手艺，给家里减轻一些负担。父亲考虑家里的现实情况，也同意了他的决定。此后不久，吉鸿昌便开始了他的从军生涯。

二、头角初崭露

　　迫于生计外出学习手艺的吉鸿昌，学徒生活并不顺利。他到一家银楼当学徒，老板待人十分苛刻，还以次充好，让吉鸿昌难以忍受，一气之下离开了银楼。后来，吉鸿昌又在周口正顺合杂货行谋得了一份学徒的差使，但是掌柜命令吉鸿昌往酒坛、醋缸、酱油桶里掺水，而这又是吉鸿昌最难以忍受的。没过多久他就离开了杂货行。

　　1913 年，可以说是吉鸿昌人生命运转折的一年。此时的吉鸿昌正在酱菜园当伙计，为了生计和家庭不得不忍受枯燥乏味的工作。他期待着一个一飞冲天的机会，而这个机会终于来临了。一个偶然的消息，让苦闷中的吉鸿昌有了新的希望：袁世凯政府的京卫军左翼第一团团长冯玉祥正奉命在河南郾城一带招募新兵。吉鸿昌几乎没有多想，当机立断决定去投军，结果顺利成为了冯玉祥麾下的一名新兵。

　　入伍后的吉鸿昌随着部队来到了北京，开始了他的新兵生

冯玉祥

活。每天除了操练还是操练，旧军队里军官对士兵动辄恶语相向，有时还加以拳脚，日子过得单调无聊甚至难以忍受。但是对吉鸿昌来说，这样的日子比以前半死不活的生活要好多了。他对军中的一切，都有一种新鲜感，因此训练虽苦，他却能咬紧牙关坚持。而且吉鸿昌骨子里有一股"犟"劲，自己不会的东西总是千方百计地向别人学习，不学到手誓不罢休，而且还要青出于蓝胜于蓝。虽然他也不止一次地挨过脚踹，挨过纠正动作的拳头，但他从来没有放弃过。吉鸿昌还参加了军中组织的劈刀练习，积极训练自己的刀法。因为他有这样的信念：技多不压身。他也激励一同入伍的兄弟说："一个人要是自己没有本领，走到哪里都是不行的，更何况战场上这么危险的地方。平时多流汗，战场少流血！"就这样，吉鸿昌练出了一身好本领。

养兵千日，用在一时，吉鸿昌第一次上战场的机会终于来了。那时候，袁世凯的残酷剥削和名目繁多的搜刮，令人民苦不堪言，引起了广大民众的强烈不满和抗议，发动了各种各样起义进行反抗，其中声势最为浩大、坚持最久的就是白朗领导的农民起义。白朗，河南人，农民出身。他发布告称："方幸君权推倒，民权伸张，神明华胄，自是可以自由于法律范围，而不为专制淫威所荼毒，孰料袁贼世凯，狼子野心，以意志为法律，仍欲帝制自为，摒除贤士，宠任爪牙。以刀锯刺客待有功，以官爵金钱励无耻。"白朗先后树起"中原扶汉军""公民讨贼军"的大旗，自任大都督、总司令。1914 年 3 月，白朗率两万余人，攻克紫

袁世凯

荆关，向山西进军，越过秦岭，4 月逼近西安，令北京为之震动。

白朗的起义军让袁世凯坐卧不宁，紧急调令河南督军张镇芳、护军使赵倜带兵追剿。随后又命陆建章为西路剿匪督办，指挥各路兵马约 20 万人进剿。就在此时，冯玉祥团被陆建章扩建为左翼第一旅，参与进攻白朗。这是吉鸿昌第一次参加实际的战斗。吉鸿昌所在的部队经渑池出发前往陕州，并在陕州停留了一天，然后继续向潼关进发。后来吉鸿昌在回忆这次出征的心情时说："那时兵营里几乎与世隔绝，从来没有听闻政局的变化，每天操练、吃饭，是生活的全部内容，也没有想到这么快就要打仗。听说要出发，心里完全没有底，前途难卜啊。心想，这么多新兵会打仗吗？毫无信心。但谁都明白，打仗是军人的天职，这就叫打鸭子上架！可笑的是出发打谁，敌人在哪里，上了火车，我们还蒙在鼓里。"

此次行军是从北京到河南渑池，再经陕州向潼关。队伍在渑池暂时驻扎，吉鸿昌与部队中的朋友借此机会在渑池游玩了一番。之前从说书人的口中，吉鸿昌听到过历史上赵国蔺相如渑池赴会，与秦王斗智斗勇，最终维护了国家尊严的故事。虽然吉鸿昌不知道这个渑池是否就是故事中的那个渑池，但想到这个故事，仍激起了吉鸿昌保家卫国的决心。虽然此时他只有朴素的情感，还没找到明确的道路。去往潼关的道路是一条有名的险道，尤其是函谷关一带，雄关要隘，崎岖险峻，自古以来就十分难走。初次踏上这条路的吉鸿昌走得气喘吁吁，心中对这样的天险感到惊骇不已，前人开凿山道的勇气和毅力让他敬佩不已。

待行军队伍到达潼关已是 5 月末，但仅仅休息了一天，又继续向西安开进。在华阴县，冯玉祥所率左翼第一旅更名为第十四旅。虽然吉鸿昌所在部队行军十分艰苦，但白朗军却采取了更有针对性的战术——飘忽不定，声东击西，长途奔袭，让围追堵截的北洋军疲惫不堪，焦头烂额，也让第十四旅根本摸不到白朗的边。在吉鸿昌疲惫行军的时候，白朗军已经避开了北洋军的锋芒，进入了甘肃省境内，5 月间下陇西、走武山、据甘谷，随即攻克秦州。冯玉祥奉命率第十四旅向甘肃泾州方向追击堵截。但队伍尚未到达泾州，陆建章发来十万火急的电报：令冯部赶赴陇州截击。而正当他们准备出发时，陆建章仿佛开玩笑似的又发来电报：星夜回援西安。于是一部分队伍坐上征集来的大车，马不停蹄地奔驰一天两夜，走了三百多里路抵达咸阳。

与此同时，白朗知道西安有备，则率部直扑子午谷，牵着冯玉祥的鼻子来回奔波，让追兵疲惫不堪。虽然冯玉祥的部队与白朗在子午谷附近发生了交火，但没有对白朗造成实质性的打击。白朗军且战且走，经子午谷出紫荆关而去。

在咸阳的吉鸿昌自然听说了这一战，还听说战况还甚是激烈，消耗了 20 万发子弹，而白朗军从容而去，冯玉祥的部队俘获甚微。吉鸿昌心中疑惑：如此激烈的战斗居然没有让白朗军伤筋动骨，难道他们的战斗力如此强悍？莫非还有其他的原因不成？起义军人数如此众多为什么能够安然由河南入陕、入甘，又回到河南？只是当时的吉鸿昌限于见识，未能够找到答案。后来一个偶然的机会，吉鸿昌从朋友那里了解到，白朗公开声讨袁世凯的独裁统治，严厉惩罚军阀官僚、不法绅士，深得民心，所以得到了民众的帮助。吉鸿昌平日里哪里能够听到这些事情，对于自己所效力的袁大总统有了新的认识。这件事情也在他的心中埋下了一颗种子。

此战过后，第十四旅便暂时集中到陕州驻防，防止白朗杀个回马枪。同时部队也借此机会加以修整，开始射击训练。

两个月后，第十四旅奉命开入西安驻防。

在西安，冯玉祥仔细分析后发现，自己部队各级官长在质与量方面还很难使人满意，决定成立一个模范连，任命李鸣钟为模范连连长。而吉鸿昌因为在行军中表现突出，不怕苦不怕累，因此被选为模范连士兵。模范连集中了全旅的精英和骨干，而这正是冯玉祥希望看到的，他要培养出一批具有朝气的下级军官，以此来刷新队伍中的陈腐之气。因此冯玉祥对于模范连的要求也是最高的，操练动作要标准，操练时间更是冠绝全旅。吉鸿昌纵使在阴冷的冬天，仍挥汗如雨地操练。

除了身体的锻炼，战术原则和应用战术的讲授也是必不可少的。考虑到当时士兵的文化水平普遍不高，冯玉祥注重把课堂教学和实际的演练结合起来，从而加深士兵们对战术原则的理解。这对吉鸿昌来说是很有好处的，虽然学起来仍然有一定的难度，但他勤奋刻苦，操练的时候一丝不苟，还是取得了不错的成绩。

在冯玉祥的麾下，吉鸿昌受到了初步的爱国主义精神熏陶。冯玉祥常常向战士们揭露官僚政府的腐败以及腐败的清政府卖官鬻爵的黑幕，讲述底层老百姓遭受重重盘剥与压榨的苦难生活，讲述帝国主义中国的侵略。冯玉祥还讲过自己的亲身经历：1912 年他赴景县招募新兵，车到杨村，遇到英国兵以不准携带武器为借口，禁止中国人在中国土地上通行。同时他也常常讲一些中国古代先贤的英勇事迹。这些让吉鸿昌逐渐认识到"国家兴亡，匹夫有责"，他心中那颗报效国家的种子在逐渐发芽。

1915 年 5 月间，冯玉祥受命移防汉中。在出发前的集会上，冯玉祥问道："你们练兵的目的是什么？中华民国的敌人是谁？"很多人此时都目露茫然，因为他们参军的主要目的是填饱肚子，至于敌人是谁并没有多想。这时，吉鸿昌倏地站了起来，操着一口河南腔回答道："反动军阀、洋鬼子！"

"为什么要打败这些敌人哪？"

"因为他们欺负我们老百姓，侵略我们的国家。"

"你们拿什么对付这些敌人啊？"

"我手中的枪和大刀！"

"要是没有了武器怎么办？束手就擒？"

"我还有拳头和牙齿！"

冯玉祥轻轻点了点头，微笑着对他说："你叫吉鸿昌是吧？觉悟不错，好好干吧！"也是这次机会，吉鸿昌给冯玉祥留下了深刻的印象，使冯玉祥更多地注意到了吉鸿昌，为后来吉鸿昌的提拔奠定了基础。

这时，冯玉祥的第十四旅又更名为十六混成旅，归中央直属。此次移防汉中，名义上是因为川中某旅哗变，十六混成旅开赴陕南以防范四川的兵变波及陕西。

队伍一路经过兴平、武功、凤翔、宝鸡、秦岭、凤县、留坝、褒城等地，从宝鸡到凤县即蜿蜒行进在终南山脉。队伍逶迤前行于崇山峻岭之中，一路人烟稀少，寂静异常。经当地人介绍，才知道这一带曾经是汉高祖入蜀后焚烧栈道的地区。而今，这些栈道早已荡然无存。吉鸿昌听后觉得，虽然从军事和政治上来讲，焚烧栈道是极为高明的一招，但是对当地的老百姓而言，这却是一场灾祸。刘邦为赢得胜利而不顾百姓死活，也难称得上是一个英雄。

等吉鸿昌他们到了汉中，兵变已经平息了，无奈之下冯玉祥只能就地开始练兵。

往常只知道埋头苦练的吉鸿昌，无意中发现最近两天似乎很难看到冯旅长的身影。一次晚饭后，他偶遇了散步的冯玉祥，只见后者阴沉着脸，双眉紧锁，仿佛有什么烦心事。有什么事能让旅长烦恼呢，吉鸿昌心中疑惑。

原来，冯玉祥得到消息，袁世凯意图在北京复辟帝制。老袁命令手下暗中推波助澜，假惺惺地劝告袁世凯登基，以"顺应天命"；更可笑的是，连八大胡同的妓女都组织了请愿团，请求袁世凯顺应所谓的民意，早日登皇帝位。与此同时，日本似乎也看到了机会，在袁世凯希望获得他们支持的时候提出了"二十一条"。内有复辟之患，外有列强虎视眈眈，国家的形势危急。面对这种政治局势，冯玉祥整日茶饭不思，忧心忡忡，紧急召集了几位幕僚和手下的团长商量对策。最后，冯玉祥定下了两个斗争目标：一个是要同国内恶势力斗争，一个是要同日本帝国主义斗争。

于是，冯玉祥召集了官兵讲话，听讲话的包括吉鸿昌。冯玉祥说道："现在袁世凯利用各种手段想要成为大皇帝，这实在是对共和的侮辱。不仅如此，日本还借此机会提出了'二十一条'这等毒辣的条件，意图亡我国家和民族。当真是可忍，孰不可忍。好兄弟们，我们吃的是百姓的，喝的是百姓的，穿的是百姓的，住的是百姓的。我们一定要誓死保护百姓，保卫国家，你们愿意吗？"

冯玉祥的一番话激起了底下官兵们的激情，齐齐吼道："愿意！愿意！愿意！"而吉鸿昌是喊得最响的那一个。事实上，国家的命运和每一个人都是息息相关的，如果国家灭亡了，所有人都会成为亡国奴，失去做人的尊严。重大的历史转折，激起了士兵们心灵的波澜。怀有报国之志的吉鸿昌，在政治黑暗、官僚腐败、民不聊生的乱世，他又能把希望寄托在谁的身上呢？

第壹端
日本国政府及支那国政府ハ偏ニ事
挺東ニ於ケル全局ノ平和ヲ維持シ
且両国ノ間ニ存スル支好喜隣ノ関係
ヲ益々鞏固ナラシメンコトヲ希望シ茲
ニ左ノ條款ヲ締約セリ
第一條　支那国政府ハ獨逸国カ山
東省ニ関係條約其他ニ依リ支那
国ニ對シテ有スル一切ノ權利利益
譲與等ノ處分ニ付日本国政府カ

獨逸国政府ト協定スヘキ一切ノ事
項ヲ承認スヘキコトヲ約ス
第二條　支那国政府ハ山東省内若ク
ハ其沿海一帯ノ地又ハ島嶼ヲ何等
ノ名義ヲ以テスルモ拘ハラス他国ニ譲
與シ又ハ貸與セサルヘキコトヲ約ス
第三條　支那国政府ハ芝罘又ハ龍
口ト膠州湾ヨリ濟南ニ至ル鐵道ト
ヲ聯絡スヘキ鐵道ノ敷設ヲ日本
国ニ允許ス

"二十一条"草案

冯玉祥！没错，当时的吉鸿昌相信只有跟着冯玉祥才能真正保家卫国，真正地闯出一番精彩的人生，实现他"国家和民族的前途命运同自己的前程联系在一起"的愿望。1915年夏，袁世凯在紧锣密鼓复辟帝制的同时，又把他的心腹陈宧任命为四川督军。袁世凯调兵遣将增派部队入川，借以镇压西南、控制局势的用心昭然若揭。由此也可以见到他对冯玉祥的不信任。陈宧统率三旅赴川接任，其中就包括冯玉祥的混成十六旅。冯玉祥虽不愿，但却不敢抗命，只得派出第一混成团，也就是吉鸿昌所在团赴川。

冯玉祥率领吉鸿昌所在的第一团离陕，经宁羌、广元、剑阁、梓潼，到达绵阳。这一路走来，山重水复，浓荫满地，雄关要隘，一处更险一处，一地更美一地。吉鸿昌虽然行军疲惫，但置身于如果山河中，心中惬意万分，更忍不住引吭高歌以抒心中喜悦之情。这更加坚定了吉鸿昌心中保卫国家的决心，如此美丽的风景岂容破坏！

带着颇为愉悦的心情，吉鸿昌随部队进驻了绵阳，开始修整并进行训练。不久后，冯玉祥又奉命率部到川北剿匪。10月，袁世凯试图复辟帝制的丑剧已越发明显，从冯玉祥收到要求签名拥护袁世凯登基的电报便可见一斑。冯玉祥见到所有北洋系少将以上军人拥护袁世凯做皇帝，愤愤说道："宁愿牺牲，定要反对帝制到底！"他果断地拒绝了签名。

1916年元旦，袁世凯改号为"洪宪"，改总统府为新华宫，

蔡锷

接受百官朝贺。与此同时，为粉碎袁世凯复辟帝制的阴谋，蔡锷于1915年12月中旬成立"护国军"，发动了护国战争，并迅速将袁世凯的心腹、四川督军陈宦部下伍祥祯旅击溃，占领了叙府。在这个时候，冯玉祥名义上仍然属于袁世凯领导。袁世凯命令冯玉祥进攻叙府，而冯玉祥此时早已坚定了反对帝制的决心，同时也为了保存十六混成旅的有生力量，冯玉祥暗中派出少将参谋蒋鸿遇、上尉参谋张之江，赶赴护国军军营与蔡锷取得联系。只是当时据守叙府的护国军刘云峰部，由于不明形势，对冯玉祥提出"缴械"方能"言和"，以及"通电讨袁"的要求。最后只能不了了之。而袁世凯这时又连续下达数条命令，虽然冯玉祥心中不愿，但无奈军令难违，只能带队伍向叙府进发，吉鸿昌也在其中。这注定是一场莫名其妙的战争，士兵们普遍斗志不高，连吉鸿昌也是心中疑惑不已，最后两军只能陷入拉锯战。

直到3月上旬，驻守叙府的护国军第一梯团，奉命开往纳西助战，这才让冯玉祥得以乘虚占领叙府。之后，冯玉祥再次派人向蔡锷说明自己反对帝制的立场。这时蔡锷才真正相信了冯玉祥的诚意，双方决定合作反袁。双方的通力合作迫使陈宦宣布四川独立，给了袁世凯致命一击。6月6日，袁世凯一命呜呼。

袁世凯死后，冯玉祥才真正有了自主权，并得以脱离陈宦，返回汉中。那时十六混成旅已经很长时间没有补充弹药了，正好凤凰山储有数万发子弹，这个机会岂容错过，冯玉祥立即派人交涉领取。当时的形势瞬息万变，一时一刻也延误不得，而运输工具短时间又筹集不起来。于是冯玉祥动员全体官兵，人挑肩扛，每人至少背上500发子弹。部队在崎岖的山路上负重行进，其艰难程度可想而知。连吉鸿昌这样的壮汉，尚且汗如雨下，气喘吁吁，更不用提其他人了。虽然如此，吉鸿昌不顾自己的疲惫，一路上帮助体弱的士兵赶上队伍。冯玉祥见部队已经脱离危险地带，决定就地休息，就地筹办牲口搬运子弹。

经过艰苦的行军，十六混成旅长途跋涉数千里，转战西北西南地区，终于回到通州、廊坊一带驻防。趁此难得的休整机会，冯玉祥对模范连进行了改组，建立了大刀队以增强模范连的近战能力。大刀队由各连技术精良、体格强壮的士兵组成，每人配备马枪、手枪、大刀。吉鸿昌被调入大刀队任排长。

而正当吉鸿昌刻苦训练，冯玉祥满心期待地看着新模范连成长时，十六混成旅却被北洋守旧派盯上了。他们为了瓦解混成旅，免去了冯玉祥的旅长职务，并将其调任直隶第六路巡防统领。消息传来，十六混成旅全体官兵悲痛欲绝，尤其是吉鸿昌，两天水米不进。因为吉鸿昌早就把实现自己理想的希望寄托在了冯玉祥的身上，他认为只有跟着冯玉祥这样的爱国军人，自己才有机会大展拳脚，报效国家。现在冯玉祥要离开了，这让他如何不悲痛？最后在陆建章的劝谕和保证"他日有机必回任"的条件下，全旅官兵才勉强同意了下来。

1917年继袁世凯之后，张勋又在北京上演了一出民国史上最丑恶的复辟闹剧。十六混成旅趁此机会决定派人去天津请回冯玉祥主持大计。冯玉祥发表通电指出：伏思奸人窃国，覆我共和，摒弃约法，实行复辟。乱臣贼子，人人得诛……誓以铁血，拥护共和，沧海可枯，初心不改，爰举义旗，以清妖孽……随后，冯玉祥命令在廊坊北边构筑防御阵地，还拆毁廊坊北边的铁路的多处铁轨，严阵以待，准备迎击张勋之第一混成支队。7月8日晨，冯玉祥准备派出一批精锐到前线作战。吉鸿昌主动请缨上阵杀敌，以示反对帝制的决心。吉鸿昌正是当时千千万万反对专制、拥护共和的人中的一个，与此同时还有更多的爱国人士在为反对帝制复辟而作出自己的努力。最终在所有有识之士的通力合作下，张勋复辟的闹剧没过几天就落下了帷幕。

在参军的这些日子里，吉鸿昌用自己的努力和勤奋，吃得了苦，耐得了劳，赢得上级和兄弟们的一致认可，使他逐渐在军队中站稳了脚跟。

三、做官不许发财

1918 年 6 月下旬，冯玉祥率部进驻常德。8 月，吉鸿昌升任工兵连连长。此后两年是十六混成旅发展成为一支劲旅的重要时期。在这两年多的时间里，在冯玉祥的带领下，十六混成旅在完善规章条例、提高军事素质和思想觉悟等方面，均取得了令人瞩目的成就。吉鸿昌身为连长，更是身先士卒，不仅与士兵一同操练，训练也最为刻苦。同时他又参加军官教导团受训，系统地进行了相关军事科目的学习，如战术、率兵术、兵器、地形学、战史等等，弥补了他在军事理论素养方面的不足，为他以后指挥部队作战奠定了坚实的基础。

虽然已经成为一名军官，吉鸿昌并没有忘记自己当兵的初衷，除了满足自己从军的愿望，更要为百姓做一点实事。因为他知道自己就是人民中的一员，吃穿住行所用的都是人民提供的，如果不为人民办事，自己还算是人吗？常德由于连年的争战，竟没有一条公路，和其他地区的交通极不方便，更加谈不上发展了。于是，修筑一条公路便成为了当务之急，这个任务自然又落到了吉鸿昌这个工兵连连长的头上。从常德、临澧、澧县，一直延伸至津市，当时居然只有一条泥泞、坎坷的小路，根据设计需要筑成宽一丈二尺的平坦公路，这对当时设备经验都不足的混成旅来说自然是困难重重，在当时也属重大工程。工兵连承担的更是最困难的任务，但是吉鸿昌并没有退缩，反而很高兴能为改善当地民众的生活做一点事情。很快，吉鸿昌就率部开赴施工现场，安营扎寨，开始动工。工兵连施工的地段，需要填大量土方，搬运修筑涵洞所需的石料，而当时没有先进的机械设备，只能靠人挑肩扛，或者靠简陋的小推车来回搬运。吉鸿昌不仅身先士卒，拣最困难的活儿干，还常常鼓励士兵们，鼓励他们再加把劲儿。每一天，吉鸿昌都会对前一天的施工情况进行评估，指出问题所在并加以修正，然后对当天的施工提出要求。他希望能够修筑出一条让人满意的公路，为当地百姓尽一份自己的力量，所以他要尽量克服施工中的困难。虽然工作辛苦，但是在吉鸿昌的带领下，施工现场却时不时地传来欢声笑语，整个工地上士气蓬勃。最终，在全连将士的共同努力下，该路段的工程任务提前完成。不久后，这条公路全线贯通，当地百姓第一次行走在平坦宽阔的公路上，心里满是感激之情。

　　1919 年，五四运动爆发，人在常德的吉鸿昌目睹了爱国学生的游行示威，看到爱国学子出于义愤捣毁了日本洋行，不禁对学生们的爱国热情和勇敢无畏赞叹不已、佩服不已。当被砸

北京旧景

的几家日本商行向冯玉祥索要赔偿时，他当机立断，派出大刀队成员给予日本商行"保护"，算是亡羊补牢的措施，两名大刀队成员站在日本商行的门口，对进入的每一位顾客一律进行盘问搜查。直到后来，没有人敢来日本商行，他们也只好告饶取消"保护"。这一招用得实在是妙啊，不仅打掉了日本人的威风，更长了中国人的志气，维护了国家民族的尊严。

1920年秋，十六混成旅奉命移防河南信阳。

自1913年入伍以来，吉鸿昌已经有七个年头没有回家了，也有七年没有见到过父亲了，心中自是思念万分，但奈何军务繁忙，一直没有机会回家探望。现在终于有机会就近回家探亲，一解思念之情。回家见到父亲，一番家长里短过后，吉鸿昌说了自己这些年的经历："这几年我一直跟着队伍东奔西走，虽然辛苦，但却学到了很多东西，开阔了自己的眼界。在入伍前我大字不识几个，现在也能看各种书籍了。冯旅长对我们也特别好，他教了我很多东西。我也交到了一帮出生入死的兄弟，值得托付生死。这些年，我也尝到了没有文化的痛苦，我希望吕潭的孩子能够上得起学，不再做睁眼瞎，不用被人欺负。所以我想在吕潭办一所小学，让更多的穷人孩子能够上得起学。不知道您的看法怎么样？"父亲听了他的话，觉得很高兴："咱爷俩儿想到一块儿去了。你也知道我的脾气，大凡公益方面的事情，只要有利于邻里乡亲，我是绝不推辞的。兴办学校是一件大大的好事，我虽然不是什么有识之士，但也是绝对支持，当仁不让的。

我会把这些年我们省吃俭用攒出来的钱拿出来，盖一座真正的小学。"吉鸿昌见父亲如此支持自己，感到十分高兴："父亲您就在家筹办这小学的事情，不要吝惜钱财，我会把我自己攒的一些钱拿出来支持您的，一定要让穷人孩子能够上学。"

吉鸿昌回部队后，吉茂松便立刻开始筹备办学校。他利用自己的人脉和声望，与当地绅商各界协商，最后取得了他们的支持。同时吉鸿昌把自己积攒的100多块银元全部拿出，最后商定：借用吕潭镇陕西会馆，也就是原来的大王庙，北大殿三间、西厢房三间、东西耳房四间和三间过厅共十三间房为校舍，学校定名为"吕北小学"。学校开学后很快招收了70名学生，分为两班，聘请了张绍龄、周纯仁、李鹤亭、严照煦等四位富有经验的教师任教，又请本镇热心教育的知名人士林永福管理，吉茂松任校董。学生一律免收学费，还免费提供书籍、文具，家境特别困难的，还有衣服、鞋袜等特别补助。随后，学校规模不断扩大，到1933年前后，吕北小学超过扶沟县立小学，号称"豫东第一"。

1921年，十六混成旅改编为陆军第十一师，冯玉祥升任师长。吉鸿昌则在孙良诚手底下当了一名营长。转年的一天，吕潭来人报信说吉茂松卧病在床，非常想念儿子，希望吉鸿昌能够回家一趟。吉鸿昌接到消息后急匆匆地赶回家，见到父亲躺在床上，面颊消瘦，脸色苍白，他心中难过不已，急忙走到床前，抓住父亲的手："爹，您觉得怎么样，还难受不？孩儿多年奔波在外，没有办法侍奉您，请恕孩儿不孝。"吉茂松摆摆手，虚弱地开口道："别说傻话，我又怎么会怪你呢。好男儿志在四方，自当为国家和人民效力，怎么能一直留在我这个老头身前呢。我的病不要紧，有你几个兄弟照看，你尽可放心，歇个几天也就好了。倒是你，你的性格我是知道的，正直勇敢。但我就是怕你性子太过憨直，做事太冲，以后要收敛自己的性子，多用自己的脑子想想。还有一件事我要你牢记。你官至营长，也算不小了，但不管你往后做了多大的官，都要做一个清廉正直的官，做官而不许发财！只要你做到这一点，我也就死而瞑目了。"吉鸿昌流着眼泪说道："爹您放心，我一定牢牢记住您的话，当官绝不发财，至死不忘。您也不要说胡话，说什么死而瞑目，您一定不会死的，您一定会长命百岁。请恕孩儿不孝，要回部队了，等有时间我一定再来看您。"吉茂松道："去吧，别哭哭啼啼的，男子汉流血不流泪！"吉鸿昌跪下向吉茂松磕了一个响头，继而毅然转身离去。

回到驻地后，父亲的教诲不时萦绕脑际，吉鸿昌为了铭记父亲的训教，把"做官即不许发财"七个字，用上好的宣纸恭录下来，贴在自己的床头，以示不忘父训。不久，他亲自设计，书写这七个字，交陶瓷厂，烧成瓷碗500多个。瓷碗烧好后，他用卡车拉到部队，集合全营官兵，举行了严肃庄严的赠碗仪式。他说："我吉鸿昌虽为各位的长官，但绝不欺压民众，作威作福，搜刮民财。我要牢记家父的教训，做官即不许发财，要为全天

甲午战争

下的老百姓办好事，办实事。人贵光明磊落，言出必行，还请诸位兄弟监督。如有违背，天打雷劈！"接着，他亲手把瓷碗分发给全营官兵，并勉励大家廉洁奉公。自此，吉鸿昌就将那只写有"做官即不许发财"的细瓷碗带在身边，用它作为一面镜子，时刻提醒自己应如何为人做事。这只碗随吉鸿昌将军走南闯北，直到他39岁牺牲。在之后的岁月里，吉鸿昌时刻以"做官即不许发财"自勉，爱民如子，为民请命，全心全意为着人民，为着国家奉献自己的力量。

1922年，冯玉祥调任陆军检阅使，率部进驻北京南苑。其中还有一个小插曲。冯玉祥所部第十一师在此之前进行了扩编，除原十一师以外，又增编了三个混成旅。而冯玉祥调任检阅使时，吴佩孚派李济臣对冯玉祥进行监视，只准原十一师北上，而不准扩编旅随行，意图限制冯玉祥部的力量。对此，第十一师第三旅旅长蒋鸿遇决定先令补充团新兵佩戴十一师符号先行登车而去，待李济臣发现为时已晚，只能让十一师官兵北上离去。就这样，这支部队才得以全军来到北京。

这时，吉鸿昌是新兵营营长，经常被派去招收新兵。他时常记起自己刚入伍的情形，那时候住在一个大庙里，环境艰苦，教官动不动就打骂，现在想起来仍是一段艰难的时光。所以他不希望自己招收的新兵也受到这样的待遇，因此他决定作出改变。他命令训练新兵的教官们，打罚要有度，要合理，要让新兵心服口服。训练新兵要以循循善诱为上，惩罚为下。他还在新兵到来之前对军营进行了大扫除，使新兵有一个清洁、舒适的环境参加训练。实践证明这样的做法十分有效。吉鸿昌这样带兵使新兵们心中都十分感激，训练也更加刻苦和用心了，部队内部的氛围也更加融洽了。同时，吉鸿昌也深知思想教育的重要性。在1923年的"五七"国耻纪念日上，吉鸿昌制作了"国耻纪念万不可忘"等反对帝国主义、宣传爱国思想的标语，贴在军营门口。他还把"勿忘国耻"四个字印在战士们吃的玉米面馒头上，敦促战士们时刻勿忘国耻。吉鸿昌经常对士兵演讲，在一起聆听"震醒醉生梦死的国人"的十余声鸣炮后，吉鸿昌对士兵们说："弟兄们，你们当中一定有人不明白为什么要鸣炮，我们是国家的军队，负有保卫国家、保卫人民生命财产的责任，如果哪一位不明白这个道理，那么这大炮的轰鸣总能把你震醒的吧？但是我想，真正醉生梦死的人，是那些终日争权夺势，置国家人民利益于不顾的所谓大人先生们，他们能不能清醒呢？我不知道。但是我知道，我们军人却一定要清醒过来，否则我们这个国家就完了。"吉鸿昌还组织士兵为军人墓地扫墓，以此来增强整个集体的凝聚力。吉鸿昌练兵时刻牢记着冯玉祥的话，"善于练兵，首先要善于带兵……打仗是拼命的事，官兵之间共生死同患难的精神，必须修养于平时，在官阶上固然有官长士兵种种高下之分，但祸福利害却必须绝对一致。士兵的痛苦便是官长的痛苦，士兵的福利便是官长的福利；官长士兵应该觉得彼此的关系如同家人父子，息息相关，浑然一体……"于是，吉鸿昌练兵时常常与战士们同吃同住，不因为自己是官长享受特殊待遇。他还经常关心战士们的个人情况，家长里短的关怀使平时远离亲人的士兵们心中倍感温暖。有一次吃饭时，吉鸿昌发现士兵刘子臣愁眉不展，饭也吃不下，这一情况引起了他的注意。于是吉鸿昌把他叫到跟前，和蔼地问："咋，你有病啦，平时狼吞虎咽的，今儿咋不吃？"刘子臣低下头，眼睛里转着泪花说："营长，俺没有病，俺哥来信说俺娘病了，想俺想得经常哭。家里没有钱抓药，营长，俺娘不容易，你说俺该咋办啊？"说着从兜里掏出信，双手递了过去。吉鸿昌看完，二话没说，从口袋里掏出五块钱塞到了刘子臣手里："老人的病要紧，这钱你不要推辞，赶紧寄回家里，把你娘的病先治好。不过现在恐怕不能请假，以后有啥难处，尽管来找我，打起精神好好干。"刘子臣拿着钱，眼中闪着泪光，心中更是对吉鸿昌感激万分。

在南苑，冯玉祥也没有放松部队的训练，总是一环扣一环，不断地进行各种军事训练。比如常用的山地模拟训练。该项目要求在营地周围的空地上堆起几个高低有致，相互间隔的土堆，模拟山地作战情况。本来是要求在一米高的土堆四周堆几个小土堆。但是吉鸿昌认为一米略微有些矮了，决定增高到一米五，四周的土堆则增加高低起伏的变化。这样一来，虽然不过只是半米的改变，训练难度却是加大了不少。官兵每天早晨起床之后，先是徒手跑假山五六个来回，再穿戴整齐、全副武装，在规定的时间内，不停歇地跑上几趟，由带队军官亲自检查所佩戴的子弹袋、水壶、刺刀等是否牢靠，绑腿是否有松动。吉鸿昌把这项训练当成主要训练科目，他认为这种训练既能增强士兵的体力还能提升实战经验。训练时，他常常带头跑在队伍的前面，给士兵们一个良好的榜样。

吴佩孚

四、为官一任，造福一方

1924年10月23日，冯玉祥趁第二次直奉战争爆发之机，发动了"北京政变"，解除了吴佩孚的职务，监禁了曹锟。之后，他接受了西北边防督办的委任，随即去苏联访问。当时的国内局势风云变幻，冯玉祥的部队撤出京津地区，据守南口。

1925年初，在西北军补充第四旅二团三营任营长的吉鸿昌，被调往绥远任副官处处长。来到绥远后，吉鸿昌为民兴利除弊的志向未尝稍懈，一面对新兵进行救国爱民思想教育，一面加紧军事训练，还经常在紧张的练兵中挤出时间，率领全营官兵到营房附近的村庄帮助农民干活。他对官兵们说："我们来自老百姓，我们穿的军衣、吃的军粮都是来自老百姓。我们的枪支都是用民脂民膏买的，我们帮助农民劳动是天经地义的事。"在劳动中，官兵们都很卖力，除了喝点农民们送来的白开水外，不收任何报酬。当地农民纷纷赞扬道："像这样帮助老百姓春耕秋收的军队，真是少见。"

当年，绥远分为新旧两城，旧城是在归化城的基础上发展起来的，新城是在绥远城的基础上发展起来的。归化城"马路不平，无风三尺土，有雨泥满城"，特别是主要街道高低不平，尘土飞扬，下雨的时候泥泞满街，军民行走很不方便。看到这种情况后，吉鸿昌有一种为民除弊兴利的责任感，于是就在办公桌对面挂的黑板上写下："马路不平，灰尘飞扬，亟待整修，刻不容缓。"他通过实地考察，提出了一个具体整修道路的计划：即刻整修从火车站至新城、从新城至旧城，从火车站至旧城三条路。随后在得到督统李鸣钟的批准后，吉鸿昌发动驻防军队和市民，立刻开始了施工，以沙石和炉灰渣铺路，平平整整，并在道路两旁种植了杨柳，使市容焕然一新。

1925年10月，吉鸿昌升任绥远省督统属直辖骑兵团团长兼警务处处长。由于当时社会黑暗，当地警察和恶势力相互勾结，迫害乡里，鱼肉百姓。为了保护百姓的生命财产安全，使他们免受黑暗恶势力的侵扰，吉鸿昌一面加大对当地反动帮会、地痞流氓的打击力度，一面大刀阔斧地整顿当地警察，清除内患，一经查实内外勾结，则严惩不贷，毫不徇私。同时，对于那些送礼跑人情的，坚决拒收，不讲情面，不收贿赂，从自己这里斩断腐败的源头。经过吉鸿昌的一番治理，城市治安顿时好了不少。

但是仅仅治理城内的治安并不能彻底解决问题，因为当时土匪势力横行，四处打家劫舍，奸淫掳掠，无恶不作，弄得长期以来商旅畏途，生产停滞，经济凋敝，老百姓惊恐不安，生活贫困。但偏偏这些土匪马上功夫娴熟，枪法精准，导致当地警方拿他们没有很好的办法。其中最为臭名昭著的土匪头子有赵半吊子、杨猴小、金翅雕等，他们依仗人多势众，又和部分不法警察相互串通，成为了当地根深蒂固的毒瘤。虽然百姓对他们深恶痛绝，但却又无能为力。为了解决当地这个长期存在的毒瘤，吉鸿昌决定凭借西北军强大的军事威慑力量，向李鸣钟提出了招抚分化和军事剿灭相结合的匪患消灭方案，并很快得到了李鸣钟的批准。于是吉鸿昌亲率骑兵团，与地方武装配合，采取优势兵力各个击破的战术。然而，由于内奸通风报信，他两次长途奔袭都无功而返，听到风声的匪帮早已远遁，根本不给吉鸿昌机会。吉鸿昌并不气馁，在当地百姓的帮助下，转战月余，先将杨猴小、赵半吊子两股土匪势力剿灭殆尽，随后击毙顽抗的金翅雕。匪首得到应有的惩罚后，胁从的匪众，经教育后取保释放。这样，绥远地区的治安环境才彻底有所好转，百姓们才得以过上安稳的日子。

那时，距归绥城十几公里的蜈蚣坝是归绥城通往武川县、达尔罕旗、茂明安旗、四子王旗的交通要道，当时绥北各旗县盛产的小麦、牲畜、皮毛，要经此路运到归化城转销国内外。同时绥北各旗县蒙汉人民生活上需要的工业产品亦经此路运输。但这段公路坡陡路窄，蜿蜒崎岖，特别是在降雪降雨季节，经常有车辆翻滑，人们经过这样的险隘时非常担心。出于为民造福的责任感，吉鸿昌每接到蚂蚁坝交通事故的报告后，总是非常不安地说："我们必须想办法铲除这条吃人的害虫——'蚂蚁'！"为此，吉鸿昌亲自拜访了平绥铁路工务段段长冯欣农，请他对蚂蚁坝进行勘察设计。而冯欣农为人正直，热心于地方公益，想法与吉鸿昌不谋而合，于是欣然同意。随后，吉鸿昌呈请督统李鸣钟批准，以工兵修筑蚂蚁坝公路。

1926年春，冰消冻解，一场与大自然的战斗开始了。吉鸿昌亲自带领所辖骑兵团和手枪营，开赴坝口子、乌素图村一带安营扎寨。开工之时，吉鸿昌在大青山下集合队伍进行动员讲话："我们军队穿着老百姓做的军衣，吃着老百姓种的粮食，我们为老百姓修路，以解除他们行路的危难，你们说，应该不应该？"

官兵们一致高声回答："应该！"

"你们怕不怕苦，怕不怕累啊？"

"不怕！不怕！"

"很好！"随后，他又带着感情地说："我们既然吃老百姓的粮食，就要做有益于百姓的好事，这是我们义不容辞的责任，更是我们的光荣传统，这个传统还要继续保持下去。现在，我们就要和这蚂蚁打一场仗！既然是打仗，就要有谋略。我在这方面不懂，所以就请了冯欣农先生来给我们当参谋，他是这方面的行家。所有的人员，都要听他的安排，包括我自己！"说完，他就拿着工具跟普通士兵一样静等着冯欣农的指挥。

在冯欣农的安排下，在吉鸿昌的带领下，大家干劲十足，工地一片热火朝天的景象。爆炸声、歌声、号子声汇成一片，使这寂静的绥北大地顿时显露出勃勃生机。在施工过程中，吉鸿昌身先士卒，专挑重活、难活干，还与战士们同吃同住，丝毫没有长官的架子。受到吉鸿昌的感染，所有人都大为振奋，争先恐后地抢着干活，大大加快了施工进度。最后在当地居民的支持下，打石放炮，用了几个月时间修成一条大路。工程竣工后，吉鸿昌亲手书写了"化险为夷"四个大字，刻在坝顶公路右侧以作留念。蜈蚣坝段公路修好后，便利了绥北交通，大大减少了旅客的生命和财产损失，繁荣了绥远物资交流。

五、战火姻缘，喜结连理

1927年春节过后，吉鸿昌向孙良诚提出，愿做先头部队东进。而这正中孙良诚下怀，当下欣然同意，并令吉鸿昌与梁冠英调防，吉鸿昌移驻潼关。随后，吉鸿昌所部扩编为十九师，吉鸿昌升任十九师师长。在潼关的这段时间，是吉鸿昌与共产党人有进一步接触的时期，也是他一生中最为快活幸福的时期。

早先，吉鸿昌也曾与共产党员宣侠父有所接触。宣侠父在兼梁冠英政治处处长时，曾经在华阴驻地开办政训班讲三民主义。吉鸿昌得知后，认为这是一个难得的学习政治理论的机会，于是派人去参加学习，手枪队长王崇仁就在其中。吉鸿昌自己本人也曾听宣侠父讲过三民主义，感觉仿佛找到了黑暗中的明灯一般。这是吉鸿昌与宣侠父早期的接触。而移驻潼关后，两人有了更进一步的接触。吉鸿昌时常与宣侠父见面，并向后者请教革命道理。宣侠父对吉鸿昌也十分欣赏，认为他是一个真正的中国军人，一心为百姓着想，满腔爱国情怀，雷厉风行，还能够与时俱进，不拘泥于传统，敢于接受新事物，孜孜不倦地探索。因此宣侠父在与吉鸿昌交流时，毫不藏私，倾囊相授。

一天，应吉鸿昌的邀请，宣侠父专门为他讲了第一个社会主义国家苏联的情况，讲了社会主义社会是人类社会发展的必然趋势，讲了马克思、恩格斯、列宁的革命理论，讲了苏联是如何以马列主义为指导，战胜国内外反动势力，建立了第一个劳动人民翻身做主人的无产阶级专政政权，又介绍了冯玉祥在苏联是怎样受到热情接待和慷慨援助的。吉鸿昌对此抱有极大的兴趣和热情，认真地听着，不时地提出自己的疑问。也难怪吉鸿昌如此有兴趣，对于一个常年忙于军务，奔波于战场的军人而言，这些事情平时哪里有可能接触。宣侠父赞扬道："老吉，在诸多将领里面，你是我见过的最为好学，最少故步自封性子的，你的虚心好学，实在难能可贵，难得难得。"当下，他就把自己"三民主义""帝国主义侵华史""社会科学"等讲稿送给了吉鸿昌，接着又从口袋里摸出一本小册子，上面写着"共产党宣言"几个小字。吉鸿昌初时有些不解，随后又仿佛明白了什么，向宣侠父略微躬身，"以后还请先生多多赐教。"

"不敢当，我们互相学习。"

"我一个大老粗，也许打仗还行，但说到学政治理论那可难住我了。"

"哈哈，看来你不光能打仗，还想做一个有政治头脑的人啊。"

"嗯，做梦都想。"

从此以后，吉鸿昌与宣侠父常常这样深入地长谈。后来有一次，宣侠父利用外出的机会，来到吉鸿昌这里。当时吉鸿昌正在楼上看书，见宣侠父来了，半开玩笑地说："你是不是检查我来了，你送给我的理论书籍，我可正看着呢，可惜没有你的指导不得要领啊。我想到以前跟着冯司令学习的时候，他虽然也注重思想教育，不过那时候读的是古代的忠孝节义，所以缺少奋斗纲领。这也许就是三民主义同忠孝节义最大的区别吧？"

　　"冯玉祥还是个基督徒呢。"

　　"我看他是用教而不是信教。"

　　"你受到什么影响？"

　　"我是个天不怕、地不怕，既不信教又不用教的人。"

　　"不错不错，说句持重的话，孺子可教啊。"宣侠父本想考一考吉鸿昌关于三民主义和冯玉祥在部队中进行的精神教育的具体区别，但转念一想，吉鸿昌肯定能自己分辨，也就去了这心思。随后两人又谈了一些政治理论方面的问题，相谈甚欢，不时发出爽朗的笑声。

　　驻守潼关的日子，对于吉鸿昌来说是一段难得安定的时光，除了督促战士训练以外，有着从军以来少见的清闲。有一天在整理旧书信时，吉鸿昌无意中看到一封字体娟秀的书信，还散发着淡淡的幽香，沁人心脾。一个端庄秀丽的女子身影便渐渐浮现在他的脑海中，威严的目中浮现一抹柔情。这个身影一直在他内心的最深处，不想今日却被一封信唤起了往昔的回忆。

三民主義

孫文

孙中山著《三民主义》

记得那是在 1926 年 7 月，吉鸿昌刚刚到达兰州。当地有一位曾当过教师和邮局职员、名叫林少文的人，投笔从戎，成为吉鸿昌部下的一员。由于林少文才思敏捷，文笔出众，在当时的旅部是难得的人才，吉鸿昌就任命他为见习参谋。而林少文得知吉鸿昌这个正直刚强的旅长三十多了居然还是单身后，便想给他当一次"媒人"，把自己的小姨子胡兰英介绍给他。胡兰英生长于小康人家，和她姐姐一样毕业于兰州女子师范学校。胡兰英是一个新时代的女性，她不仅学习成绩优秀，更具有进步的思想，敢于突破封建思想的束缚，可谓是巾帼不让须眉。经林少文的介绍，吉鸿昌与胡兰英二人见了面。不说一见钟情，至少相互间都有了好感。但婚姻之事还有距离。而在二人见面后，胡兰英偷偷差人送了一封信给吉鸿昌，信中悄悄表露了一些女儿家的心事。但在之后，吉鸿昌率部向西安开拔，儿女情长也就被埋在了心底。

当翻到这封信时，吉鸿昌抑制不住内心的激动，对胡兰英的思念如潮水般涌来。本来，在这种战乱纷起的时期，谈情说爱是不合适的，但吉鸿昌想像现在这般清闲的日子往后还不知道会不会有，如果现在不把两人间的关系定下来，只怕日后便没有了机会。吉鸿昌想到日后可能再也见不到胡兰英，天不怕地不怕的汉子心中却有了一丝惶恐。于是，他不再犹豫，当机立断给胡兰英写了一封信，既表露了自己的思念，又向胡兰英求婚，征求其意见，然后让人带给胡兰英。吉鸿昌一天天地翘首企盼着，期待着从远方传来的好消息，但又有着一丝忐忑。半个多月眨眼而过，终于在一个天高气爽的日子，他盼来了朝思暮想的姑娘。胡兰英亲自到来的用意可想而知，吉鸿昌欣喜若狂。没想到除了胡兰英，吉鸿昌未来的老丈母娘也跟着来了，想必是来看看未来的女婿。老太太刚下骡车，突然两腿酸软，几乎瘫坐在地上。吉鸿昌眼疾手快，急忙上前搀住了老太太，扶她进屋休息。

本来在这种战争非常时期，吉鸿昌身为师长，大办婚事是不可能的。但是他又怕委屈了妻子，也难以对丈母娘启齿，平时刚毅果决的吉鸿昌这时候却犯了难。第二天清晨，吉鸿昌起了个大早，出操后便来到岳母房前问安，一是想给老人家留下一个好印象，二来想设法说服老人同意婚事从简。

"老人家身体可还好？还有哪里不适吗？"

看着恭敬的吉鸿昌，老太太和蔼地招手让吉鸿昌坐下："你身为师长，军务繁忙，还抽空来给我问安，难得你真是有心了。"

"老太太哪里的话，这是我应该的。"

"既然如此，我也就直说了。本来我是不愿意兰英嫁给一个军人的，这兵荒马乱的，让我如何放心得下我女儿。况且你若是万一有个什么闪失，让我闺女怎么活啊。但现在看到你为人老实，心思忠厚，把女儿嫁给你我倒也放心。只是希望你上了战场，多上点心，保重自己，你可不再是自己一个人了。"

"老太太说的是，我记住了。"

"既然如此，那就择日把喜事办了，免得夜长梦多，省得闺女惦记，也算是了却我一桩心事。"

"中。"吉鸿昌十分高兴，他可早就盼着这句话了。"只是……"吉鸿昌有些吞吐，"老太太你看，这种情况下大办婚事是说不过去的，您看是否可以一切从简？"

"我早知你会这么说。我既然答应了这婚事，心里自然也有数，你就看着办吧。"

"好嘞！"吉鸿昌长舒了一口气。

老太太托词要出去走走，屋内便只剩下这一对新人。四目相对，心中有千言万语，却始终相顾无言，只有温馨洋溢。胡兰英双颊晕红，眼波流转，羞涩、矜持、喜悦相互交织，小女儿态毕露，悄悄展现着自己温柔与妩媚。她慢慢地走到吉鸿昌面前，把头靠在他那心弦急剧跳动的宽厚的胸前，幸福地闭上了眼。吉鸿昌此刻也不知道说什么好，只好用有力的双臂紧紧搂着她，胸中溢满柔情。不知过了多久，两人才相视一笑，便定下了今生相知相守。

本应是人生头等大事、大办特办的婚礼，就这样在一个简陋的军营里办了。吉鸿昌当即在简陋的新房里，摆了两桌饭菜，简简单单，平平淡淡。尽管如此，却冲不淡那温馨喜悦的气氛，不管怎么样，两人终究是在一起了。

"……兰英，你师范毕业，是我高攀？还是你下嫁？"

"何谓高攀与下嫁？你娶的是妻，我嫁的是夫，仅此而已。"

"说起来，缘分这东西真有意思。一个河南，一个甘肃，两个八竿子打不着的人，而今却在一张床上，往后还要生活在一起。"

"千里姻缘一线牵，这便是了吧。"

"兰英，做我的妻子，委屈你了，连这婚礼也没法好好操办。日后我枪林弹雨的，又要叫你担惊受怕……"

"哪里的话，嫁鸡随鸡，嫁狗随狗。我嫁了你，便是刀山火海都要跟着你上。"

婚后的日子很平静，也很幸福，但这种幸福的日子吉鸿昌并不能享受多久，因为他是十九师师长，要对手下的弟兄们负责。每日的督军操练是必不可少的，无论刮风下雨，吉鸿昌从不缺席。兄弟们晒太阳，吉鸿昌跟着晒；兄弟们淋雨，吉鸿昌跟着淋。也正是因为他这样的作风，战士们没有一个不对他心服口服的。

在妻子的影响下，平日里除了带兵练兵，吉鸿昌更加刻苦用心地读宣侠父送给他的那些革命理论书籍，还常常向妻子请教。妻子调笑他："孺子可教也。"吉鸿闻言哈哈一笑："我在你这师范高材生面前，可不就是一个孺子么？"继而他又想到，何不多向妻子学学古文和书法呢？随后他诙谐地开口道："古有梁鸿孟光，举案齐眉，现在不提倡封建制度，咱们也不兴这一套。但咱们还是可以教学相长的，你做老师，我做学生，不也是别有趣味吗？"

"我一介女子，见识浅陋，怎敢以'老师'自居？"

"古语云，闻道有先后，术业有专攻。达者为先，何分男女？而且是我心甘情愿向妻子请教，有何不敢？"

"周瑜打黄盖——一个愿打，一个愿挨。师长发令，岂敢不从？"

"夫人言重，在你面前为夫岂敢摆师长的架子？如蒙不弃，你只管讲，我自当洗耳恭听。"

就这样，两人在外是师长与夫人，在家便是学生与老师，这身份的转换令二人乐在其中。一次，胡兰英想到了一个好办法用来提高吉鸿昌的文字水平：同住一室，书信来往。以后她每写一封信，吉鸿昌都要把回信当成作业来写，每晚写一封。而且妻子的信就是最好的范文，吉鸿昌可以加以模仿从而提高自己的写作能力。这种独出心裁的教学方式堪称佳话，他们坚持了两个月。

吉鸿昌两人婚后的生活幸福美满，他们互敬互爱，相互扶持，堪称天作之合。两人都有一颗爱国之心，都有向往民主、自由的思想，在支持吉鸿昌抗日救国、毁家纾难的行动中，胡兰英倾全力支持，默契配合，心甘情愿。她是一个平凡的女性，但她为丈夫和中国革命所做的一切却是如此不凡。

六、驰骋中原，铁军扬威

1927年4月，冯玉祥所部被武汉国民政府改编为国民革命军第二集团军，继续进行北伐。冯玉祥在5月1日，在西安红城广场宣誓就任国民革命军第二集团军总司令。吉鸿昌在这段时间，也做好了战前准备，即日东进河南，会师中原。

4月下旬，吉鸿昌奉命率十九师作为先锋部队，出潼关东进向河南灵宝攻击前进。谁知刚进豫西，就碰到了刘镇华的部队，吉鸿昌旋即便将之击溃，敌人纷纷四散而逃。借着这股气势，十九师前卫旅会同友军，于5月6日攻克灵宝。随后，吉鸿昌率十九师连下陕州、渑池、铁门。其中，铁门之战可以说是最艰难的战役。铁门地势十分险要，两边是崇山峻岭，中间是东西孔道。作为正面主攻的吉鸿昌部，数次冲击皆是无果。最后，吉鸿昌发动夜间攻势，亲自指挥，终于在拂晓占领了铁门。

正当攻击部队以锐不可当之势向东急进时，奉军万福麟以三个旅兵力，于5月23日会合张治公部近四万人，凭借磁涧附

北伐敢死队

近的防御工事，进行阻击。吉鸿昌亲自指挥两个旅，激战 4 小时后，突破敌人的第一道防线。随后，凭借这道防御工事，吉鸿昌、梁冠英等主力部队向敌方步步逼近。这时，孙良诚又率部从侧翼包抄了奉军，与吉鸿昌等部形成了包围之势。经过两昼夜激战，终于击溃敌军。

张治公、万福麟仓皇逃窜后，摆在吉鸿昌面前需要攻克的就是洛阳城。但是吉鸿昌想到：如洛阳这般的坚固城池，即使攻克，也难免生灵涂炭，最后遭难的还是老百姓。况且十九师经过如此长时间的连续作战，官兵们早已疲惫不堪，也有了不小的伤亡，这种状态下去攻城，恐怕事倍功半。于是，吉鸿昌派参谋长傅二虞前往洛阳城，说服驻守洛阳的万选才主动让出洛阳，一同北伐。不出吉鸿昌所料，双方谈判极为顺利。这是因为洛阳现在孤城一座，再抵抗下去也是无用功。再加上吉鸿昌的部队士气正旺，万选才怎么都不可能有胜算的。

占领洛阳后，吉鸿昌并没有停留太长时间，而是势如破竹地向黑石关进军。一路凯歌的吉鸿昌顺利地占领了巩县、开封。至此，奉军四面楚歌，国民军"会师中原"计划完全实现。吉鸿昌部奉命驻守巩县待命。

吉鸿昌把自己的师部设在巩县鳌岭师范学校。吉鸿昌只上过一段很短时间的学，因此他一直对学校向往不已。虽然这段时间因为战乱的缘故，学校里已经没有多少人了，但吉鸿昌依然很高兴。他把自己的住所安排在学校里，一张床，一个办公桌，一个召开会议用的台案，显得很是简朴整洁。在墙壁上还挂着一副他亲自题写的对联：养天地正气，法古今完人。横批是：看孙中山。由此也可以看出吉鸿昌对孙中山的尊崇了。

吉鸿昌也经常和一些还住在学校里的学生们交谈，因为这让他感觉到蓬勃的朝气，而且中国的未来毕竟还是在这些学生的手中啊。他多次表示希望这些学生能够到他办的学校里去教书，让更多的贫穷子弟学到更多的知识，获得更好的教育。吉鸿昌对教育的重视让这些学生们兴奋不已，也敬佩不已，他们从来没有见过如吉鸿昌这般重视教育的军队将领。随着交流的深入，吉鸿昌与这些学生们的关系也越来越融洽。

正当北伐军和国民军节节胜利时，蒋介石背叛了革命，发动了四一二反革命政变，血腥镇压共产党员和革命群众。而本来中立的冯玉祥认为倒蒋是"自相矛盾"，开始选择"分共""清共"。为了这个问题，吉鸿昌也几次和自己的老长官争论过，最后都是不欢而散。虽然两人有着共同的爱国目标，但却作出了相反的选择。6月下旬，冯、蒋在徐州召开会议。会议上，冯玉祥公开支持蒋介石，完全走向了革命的反面。

尽管如此，吉鸿昌还是根据冯玉祥的指示，准备在巩县渡过黄河，奇袭对岸的奉军。此时已是小麦收割时节。吉鸿昌亲率直属部队，到田间帮助农民收割，部队的骡马车辆，全部出动突击搬运。众人一齐动手，麦田间一派忙碌欢乐的景象。吉鸿昌这一手可谓是一石二鸟，既帮助农民收割，又麻痹了敌军，

叶挺将军

使他们放松了警惕。另一方面，吉鸿昌拉着参谋长傅二虞，一次又一次到河岸选择渡河地点，一个又一个地研究比较，以便确定最佳渡口。最后决定以黄沙峪为渡口，向对岸进军。

一切准备就绪后，时间来到了 1927 年 7 月 3 日。是夜，第一批渡河的士兵将隐蔽在汜水的渡船引入黄河，在黄沙峪待命。在一番战前动员后，吉鸿昌本想第一个跳上船，奈何被一帮下属拉了下来。负责指挥的师长亲自打头阵，如何让他们放心？团长也戏谑地说："师长，咋？对我们不放心？我们好歹也是你的兵，你就这么信不过我们？你就等着我们的好消息吧！"吉鸿昌只得目送着他们乘船悄然向对岸驶去。寂静的夜空，闪烁着星光。船抵中流，流激浪高，船在水中俯仰摇摆，有些人已在晕眩甚至呕吐。浪涛拍打船舷，激起四溅的浪花。士兵们有的脸上挂满了水珠，有的被打湿了衣服，但他们此刻却顾及不了这些，目光紧紧地盯着前方。船抵对岸，部队迅速拿下敌军的哨所，并根据俘虏提供的情报，包围了敌营营部。等营长从梦中惊醒，一切已成定局。随后，吉鸿昌亲率手枪队渡河，实施指挥。过河后，除了一部分人留守，吉鸿昌手下的两个团分别向温县和清化镇追击，敌人望风而逃。为纪念渡河成功，吉鸿昌亲书"天堑飞渡"四个大字，勒石立于黄沙峪渡口。

冯玉祥得知十九师夜渡黄河成功，大为兴奋。复电称十九师为"铁军"，并发奖金一万元作为嘉奖。

9 月上旬，孙良诚接到了向敌军发起进攻的命令，遂命吉鸿

四一二事件后牺牲的中国共产党党员赵世炎

昌部为先锋部队。吉鸿昌奉命后，立即由新乡兵发郑州，随即攻克许昌、临颍。随后，吉鸿昌挥师南下，包围鄢城。鄢城一战中，吉鸿昌冷静指挥，面对敌人凶猛的火力，沉着地下令发起冲锋，率士兵们以猛虎下山之势杀向敌军，很快击溃了敌军。由于吉鸿昌凶悍勇猛的作战风格，许多官兵称其为"吉大胆"。此时，京汉线上的敌军全部崩溃，只剩下禹县死守。但没过多久，吉鸿昌就率部与进攻禹县的张印湘旅会合，攻克了禹县。

此时，风云变幻的战场局势是：津浦线何应钦与军阀孙传芳相持于明光以北，晋军与奉军对峙于石家庄西至娘子关一带，直鲁联军沿陇海线向西进攻，已经占领商丘以东的马牧集。这时，冯玉祥运用"以迂为直"的战术，调整了战略部署，以开封为诱饵、引敌深入。这次战役，后来被人们认为是冯玉祥一生军事指挥生涯中最著名的胜利。

根据冯玉祥的部署，孙良诚部在兰封吸引直鲁军的主力。而吉鸿昌部这一次又是担任主攻部队，奉命向占据兰封车站的直鲁军徐源泉部发动进攻，摆出决一死战的架势。十九师在吉鸿昌的指挥下，自10月21日战斗打响，对敌人发起了凶猛的进攻，但一开始未能够取得很大战果。随着时间发展，战斗进入短兵相接阶段，战斗更为激烈，双方伤亡惨重。包括旅长张印湘、团长吴金堂等人在内的军官相继受伤，形势岌岌可危。在战斗持续的第四天，联军发动突袭，以一营兵力，冲破对方阵地，战场一片混乱。正当军心不稳之时，吉鸿昌脱掉上衣，操起大刀，大喊一声："跟我上！"手下将士包括参谋、副官等人，受到师长的鼓舞，同样操起大刀，向敌军冲去。经过一个多小时的激战，终于打退了联军的这波攻势，稳住了阵脚。入夜以后，吉鸿昌就待在了前线阵地，跟战士们一同守夜值班。在这种时候，吉鸿昌要坚守在第一线。

8 天的恶战，让吉鸿昌部疲惫不堪，伤亡巨大。所幸，他们不负所望，成功地将敌人吸引了过来。冯玉祥眼见时机成熟，令严阵以待的其他部队从侧翼和后翼包抄敌军，使敌腹背受敌，一举突破直鲁联军的阵地。11 月 1 日，吉鸿昌收复兰封，2 日攻占内黄车站，3 日挥师考城、归德。至此，这场战役终于结束，俘虏直鲁联军官兵 3 万余人，枪 2 万余支，火炮 40 门，铁甲车 6 列，堪称一次空前的胜利。

借着胜利之势，吉鸿昌部稍作整顿，于 11 月 24 日，会同其他部队将直军刘志陆、潘鸿钧部包围在考城，然后以雷霆之势将其消灭。随后，马不停蹄地进攻曹县。梁冠英师负责西、南两面的围城任务，吉鸿昌部负责东、北两面，并发动主攻。连续的胜利让吉鸿昌稍微有些急躁，警惕心下降，导致前几次攻城失利，损失颇重。随后，吉鸿昌接受了教训，不再轻易攻城。于是吉鸿昌想到了一个挖地道用炸药轰城的计划。吉鸿昌召集官兵一齐动手，偷挖了一条通向城下的地道，并安置好炸药。第二天拂晓，按照预定时间，炸药轰然引爆，把城墙崩陷数丈。早就严阵以待的十九师士兵不顾危险向缺口猛冲。而此时由于城墙崩陷，守城机枪失落，导致守城火力大大下降，被十九师趁机攻进城内。至此，曹县已克。进城以后，吉鸿昌把为害乡里的乡绅地痞惩治了一番，收缴了一笔罚款。后来，地方用这笔罚款建了一所小学。

在中原大战中，吉鸿昌因为勇猛的作战风格，获得了"吉大胆"的称号。而他所率领的十九师也因为擅长正面作战，并且战无不胜，攻无不克，被称为"铁军"。

七、周游列国，爱我中华

1930 年，也就是吉鸿昌 35 岁那年，他被提拔为国民军第二十二路军的总指挥。当时正值北伐战争之后，日本帝国主义对中国虎视眈眈，可是国民党视共产党为眼中钉、肉中刺，不顾外患集中力量剿杀共产党。这时吉鸿昌奉命攻打鄂豫皖苏区，他在前线化装成小炉匠进入苏区，亲眼见到共产党的真实情况，觉得茅塞顿开，并为自己立定了目标："投错了门路，就拔出腿来！"在蒋介石命令吉鸿昌进剿苏区时，他也是多次应付了事。经过多番思量，吉鸿昌认为跟着蒋介石不是拯救中国的正确道路，准备率部起义，同时加紧了进行起义的准备工作，制订行动方案，选定行动路线。不料蒋介石得到密报，从种种迹象中得出结论：吉鸿昌已经赤化，不再可信，要预防他随时可能倒向苏区。蒋介石本来对不是自己嫡系的吉鸿昌就不信任，见到吉鸿昌的变化，更是下定了决心。很快，正当吉鸿昌准备发动起义的关键时刻，南京方面发来电报，免去了吉鸿昌二十二路军总指挥及其他一切职务，并以"考察"的名义将他驱逐到国外。而最让吉鸿昌难以置信的是，本来与他交好的张印湘、徐华荣、彭振山等人，临阵倒戈，致使吉鸿昌处于孤立无援的境地。吉鸿昌向来讲义气，对兄弟朋友毫无戒心，从不设防，这次背叛对他的打击可想而知。旧军队中成长的经历让吉鸿昌认识不到，没有共同的革命信念，而仅仅是靠私人友谊维系起来的同盟关系，是不可靠的。在他看来，视为朋友的人就可以全心全意托付，结果却发现很多时候情谊输给了利益。1931 年 8 月下旬，吉鸿昌不得不通电下野。

吉鸿昌被迫下野以后，知道跟随自己多年的部队可能会被蒋介石吞掉，心里很不是滋味。毕竟是自己带了那么多年的部队，他对这支部队的感情早已深深植入了骨髓当中，离开这支部队如何不让他黯然神伤呢？而且他不也愿意看到自己一手建设的部队被蒋介石当成炮灰去攻打苏区。当他找三位旅长商量善后问题时，彭国桢的一番话，代表了所有人共同的心声："总指挥尽管放心好了，今后的困难当然会很多，我们设法去应付。你应该相信全体官兵对你的热诚拥戴，这是任何人也拿不走的。总指挥应该多多保重，留得青山在，不怕没柴烧。今后我们都必须忍辱负重，作长远打算。"这些话，多少让吉鸿昌得到了一些安慰，只希望兄弟们今后一切保重。

心情沉重的吉鸿昌回到家里，却笑着对妻子说："无官一身轻，没了这些枷锁，我也可以迈大步走自己的路了。"他不想因为自己而让妻子担心。

"回不回老家看看，顺便看看学校？"

"父亲不在了，学校的经费也送去了，就不回去了。"

"也好，老三上月走的时候，我同他讲过了，让他多关心一下学校。"

"嗯，这样也好，我们出国以后学校也得有人照看着。"

几天后，百姓们知道吉鸿昌被迫下野，不得不离开潢川。于是，在吉鸿昌出发的清晨，由几个行业公会牵头，乡亲们在他要路过的路口上摆了桌椅，上面放着水果、点心、烟酒等，为他们的吉总指挥送行。只见一位年过半百的老人走到吉鸿昌面前，动情地说道："总指挥，你有苦衷不得不离开，我们没法挽留。但是我们真的要谢谢你，谢谢你纪律严明的部队让我们能够安居乐业。前些日子，要是没有你们奋不顾身地修河坝，我们真的是不知道该怎么办啊！话不多说，在此敬您一杯，先干为敬！"说着，一口饮下了杯中酒水。吉鸿昌从旁边的人手里接过酒杯，二话不说，仰头就喝，喝完以后说道："我们都是穷苦人，穷苦人不帮穷苦人，我们当啥兵……"话还没说完，旁边一个小伙子抢着说："您帮我们盖房子，还发救济粮，我们舍不得您啊！"说着又是一杯酒递了过来。吉鸿昌还没来得及喝，又是五六人举着酒杯拥上前来。吉鸿昌眼带泪光，一杯一杯地接过来一饮而尽，激动地说道："乡亲们，我吉鸿昌何德何能，承蒙你们如此厚爱，让我好生惭愧啊！我所做的不过是我的本分，竟能得你们如此感激……日后，如能再回来，吉鸿昌必有所报！"吉鸿昌一边走，一边抱拳行礼，在两边百姓的簇拥下，走出了县城。

1931 年 9 月上旬，吉鸿昌住进了上海一品香饭店，迎接他的是高凌百（蒋介石的机要秘书）、何其巩、常小川等人。这三个人都可以说是蒋介石的亲信了，他们来的目的也就不言而喻了——劝说吉鸿昌出国。吉鸿昌对他们的来意自然是心知肚明。客房里，吉鸿昌有些怅然，站在窗前想着心事：你们这是完全不给我拒绝的机会啊。我吉鸿昌光明磊落，你们又何必如此防范我？我不离开，只是放不下我的部队、我的国家啊。

吉鸿昌与三个说客舌战了三天，谁也说服不了谁。最后，高凌百干脆直接把船票、旅费送了过来，木已成舟，让吉鸿昌无可奈何，最后船期定在了 9 月 21 日。

9 月 18 日是吉鸿昌毕生难忘的一天。"号外，号外，快看号外，日本进攻沈阳！"九一八事变爆发！他听到这一消息时，耳边仿佛惊雷乍响，整个人就愣在了那里。良久，他整个人颤抖着说道："日本人竟如此猖狂，欺人太甚啊！我们的军队呢？他们哪儿去了？这可是我们的国家啊，怎能眼看着它被日本人侵略？"过了一会儿，高凌百、何其巩、常小川三人进来了。吉鸿昌当着他们的面，声泪俱下地说："国难当头，凡有良心的军人都应该誓死救国，我怎能在这时候离开？请电告蒋委员长，我不能走！我要上前线，即使不能带兵打仗，我也要效命沙场。"高凌百三人面面相觑，无言以对。9月21日，吉鸿昌收到了蒋介石的电告："日军侵占东北，中央自有处理办法，你现在以在野之身，可勿过虑，应按既定计划，迅速出国考察。"吉鸿昌看着电报，只能无言以对。满怀悲愤的吉鸿昌无奈，只好在客房的墙上，留下了"但使龙城飞将在，不教胡马度阴山"的诗句，以明自己的心志。终于在9月23日，吉鸿昌和夫人胡兰英无奈登上了出国的轮船，挥泪告别苦难的祖国。与之随行的还有凌勉之，作为翻译人员。

在船上，吉鸿昌遇到了一个难题：轮船到达神户后，他们上不上岸呢？上吧，日本现在是敌对国家，吉鸿昌如何肯去自己的敌国；不上吧，他们又无法邀请孟宪章加入考察团。孟宪章曾追随冯玉祥反蒋，被蒋介石关押在上海，之后东渡日本。正当吉鸿昌与妻子为难之际，凌勉之来到了房间说："来往这条线上的美国船，必须在日本停靠。我们必须上岸乘火车赶往东京，找到孟宪章，他们一定知道一些日本侵略中国的内幕。听听他们的介绍，想必一定会有收获。"吉鸿昌夫妇对此表示赞同，决定登岸后去找孟宪章。

一切依计划进行。25日8时许，吉鸿昌一行抵达东京，并随后与孟宪章见面。吉鸿昌本想来个金蝉脱壳，趁机返回东北组织抗日游击队，但最后考虑到蒋介石的特务无处不在，就放弃了这个想法。吉鸿昌又邀请了孟宪章加入考察团，随他们游历各国，后者慨然应允。最后吉鸿昌一行在横滨登船离去。

东北抗联战士

轮船行驶在辽阔的太平洋上，向着美国驶去。虽身在海外，吉鸿昌心里想着的却是国内的战局：不知道中国军队有没有阻止日本的侵略攻势？东北人民现在可还安好？吉鸿昌想到自己当初当兵时要保家卫国的誓言，不禁感叹，现在正是祖国需要自己的时候，自己却远隔重洋远离祖国，暗恨自己无能。就在这时，凌勉之进了房间："先生，我们此行有何计划吗？"

　　"既然来了，就怎么也要为国家做点事，尽些微薄之力。"

　　"先生请讲。"

　　"听说美国华侨多，到了美国，第一要务是向华侨做抗日宣传，告诉他们国内的境况。再就是了解资本主义国家的经济情况、科学技术和社会生活，特别是要了解开发西北可以借鉴的东西。此外，我还想去一趟苏联。早就听闻苏联是世界上第一个劳动人民当家做主的社会主义国家，既有此机会，不去也是可惜。"

　　凌勉之道："我看可以。只是你要多做准备，在外国中国人的境地并不好。"

　　"放心，我们都是中国人，怎么能让自己的国家蒙羞？"

　　之后，几人又商量：现在正国难当头，绝不能奢侈浪费，能节俭一点就是一点。于是约定：一、不坐车船的头等席座；二、不住豪华旅馆，不进上等饭馆吃饭；三、不包乘专用汽车，尽可能乘公共汽车或电车；四、尽可能不买外国商品。对吉鸿昌而言，奢华的日子他过不惯，简简单单的生活才适合他。

　　十多天的海上旅途并不舒服。吉鸿昌每每站在甲板上，看着远处水天相接的海域，心中的忧郁才稍稍缓解。10 月 16 日，吉鸿昌一行抵达美国西雅图。在西雅图，中国驻当地领事馆的工作人员引导他们进入预定的二等旅馆。虽然吉鸿昌并不想住头等旅馆，但听使馆人员解释说头等旅馆不招待中国人后，心中感到无比的愤怒。这种对中国人赤裸裸的歧视，刺痛了吉鸿昌作为中国人的自尊心。虽然早就听凌勉之说过中国人的境地不好，但没想到竟有如此严重。吉鸿昌愤慨地说："岂有此理！泱泱中华竟受到如此屈辱，可恨！可恨！"凌勉之叹道："弱国无外交啊！要是我们比这美国还要强大，谁还敢这么轻视我们？小日本又岂敢这么嚣张？""凌老弟有理。要怪就怪那些整天只知道勾心斗角、争权夺利的官老爷吧，不思进取，导致中国国力如此衰弱。当前形势下，我们必须团结一致，万众一心，打败日本人，然后才能好好地发展国力，让中华崛起。可惜老蒋太固执，一定要搞什么'攘外必先安内'，平白让日本人占便宜。但我相信凡是有血性的男儿，一定不会甘心做亡国奴的，凭着我们伟大的人民，一定能够战胜侵略者，胜利是指日可待的事情。"

到了美国纽约，一次，吉鸿昌穿着整齐的军装，率领一行人走在街上，突然有人拦住他故意问道："你是日本人吧？"吉鸿昌请凌勉之回答说："不，我是中国人！"对方听了摇摇头表示不相信地说："中国人？东亚病夫，不可能有这样魁梧、高大的军人……"又有一次，他到纽约的一家邮局寄送东西，那里的工作人员又明知故问地说："你是哪国人？"吉鸿昌大声说道："我

1931年的纽约

是中国人！"对方奚落地说："地图上已经找不到中国了。"

　　接连受到这样的嘲笑和侮辱，使他异常气愤，甚至连饭也吃不下去了。他严肃地说："侮辱我吉鸿昌本人，我并不在乎，但是我们是代表中国到美国考察的，受侮辱的是我们整个国家，整个民族啊！"他坚决地表示："下次外出时，就带上'我是中国人'的牌子，让外国的朋友们都知道中国人是有血性的，有五千年文明史的中华民族一定会重新振兴起来的！"果然，他用草板纸自制了一个约半尺长的长方形牌子，用毛笔写着"我是中国人"几个大字，并在下边注上英文。他挺着胸膛，昂首阔步地穿过围观的人群，显示出中华民族的自尊，而且随时随处佩戴，直面那些看不起中国人的人，用中华民族的自尊向美国的种族歧视挑战。吉鸿昌的这种精神影响到了身边的人，面对外国人轻蔑嘲讽的眼神也能抬头挺胸，为自己是中国人而感到自豪。

　　吉鸿昌一行在纽约参观了"中国城地下博物馆"，不看则罢，一看吉鸿昌顿时不由得怒火满腔、咬牙切齿。回到下榻的旅馆后，吉鸿昌怒气未消地说："中国有着悠久的历史，有四亿勤劳勇敢的人民，有丰富的文化遗产，这些他们不展览，倒把搜罗来的封建遗毒的一些鸦片烟枪、烟灯，摆出来展览，岂不是欺人太甚！你美国充其量一百多年的历史，中国在世界上顶天立地的时代，你美国穿开裆裤的时代都没到呢。"胡兰英补充道："你是气糊涂了，许多'展品'你没注意看，如妇女缠足穿的小鞋和一些带血的裹脚条子，以及各种迷信用品。他们用这些东西来丑化我们中国，实在是令人气愤。"凌勉之说："所谓展品，全是旧社会最肮脏的东西。听说这些东西是一些美国传教士在我国一些偏远的角落里搜罗来的，其险恶用心是不言而喻的。""这笔账一定要给他们记下来。"吉鸿昌冷静地说，"那些愚昧、落后的东西并不代表中国，他们却以此来丑化我们，是可忍，孰不可忍！"

　　在纽约，吉鸿昌一定要去的地方是中国会馆。虽然此地华侨因受地域及宗族等影响，相互颇有间隙，但是祖国的安危，把他们紧紧地联系在一起。九一八事变，日本帝国主义侵略我国东北，中国人民奋起反抗，这一切激荡着海外游子的心，他们殷切期盼祖国人民对日本侵略者的斗争取得胜利。在美华侨踊跃捐款帮助马占山部队，同时集资创办抗日救国特刊，兴建华侨航空学校，为祖国培养军事航空人才，以抵抗外人欺侮。吉鸿昌对侨胞的爱国行动十分感动。一天，他会见了几位侨胞代表，对他们说："如果国内各界听到远在万里之外的侨胞们对祖国命运如此关切，一定会受到很大鼓舞的。从你们的爱国行动，可知我中华民族，并非颓唐暴弃甘做亡国之民。有这样的民心、民气，与日本帝国主义作殊死一战，何愁大事不成？强大的祖国是众多海外游子的坚强后盾，凡我炎黄子孙、不分地域、不分民族，群策群力，枪口一致对外。为祖国的强盛尽力，为维护中华民族的尊严，我愿与侨胞们共勉。"

　　吉鸿昌在国外到处宣传抗日，一次在记者招待会上有人问他："日本有飞机大炮，中国凭什么抗日？"他拍着胸脯愤然回答道：

"我们有热血，有四万万人的热血。中国人的愤激已经达到了极点，莫不抱有'宁为玉碎，不为瓦全'的决心，誓愿牺牲一切，为生存而战！为真理而战！"

11月12日，吉鸿昌到了古巴首都哈瓦那，正值那里的华侨集会，纪念孙中山诞辰，他应邀在会上做了慷慨激昂的抗日讲演："日本侵略中国，早具野心。惜国人醉生梦死，埋头内争，致元气大伤，授敌以隙，故今日之事，人民不负任何责任。亡国家者，实为握有权柄之军阀官僚，把个人私利置于国家民族利益之上所致。但人民须知，中国者，四万万人民之中国，非少数军阀官僚之中国。国家亡，则敲骨吸髓之人兽，腰缠万贯，拥有巨资，可远走高飞，过其资产阶级之亡国奴生活。而一般平民，岂能出国门一步！国存，受军阀官僚之剥削，国亡，作帝国主义之牛马。当此千钧一发之际，做人与做牛马，间不容发。企望我爱国侨胞及早团结，用热血拥护祖国，保卫祖国。"听罢许多人热泪盈眶，一位华侨高声说："吉将军，你快回国，把军队整顿起来吧，我们一定做你的后盾！"吉鸿昌听罢激动地说："我一定不辜负同胞们的热望，誓死把日本帝国主义赶出中国！"说罢泪如雨下，振臂高呼："打倒日本帝国主义！还我河山！"这时，到场的侨胞也放声痛哭，高喊："牺牲一切，奋斗到底！"

晚8时，吉鸿昌又前往当地的中国国民党总支部，那里为他召开一个欢迎会，到会者400余人。吉鸿昌因感侨胞救国热情、痛国内军阀官僚醉生梦死、丧师辱国，发表演讲的时候百感交集，不禁泪如泉涌，到会侨胞亦同声大哭，整个会场充满了激越悲愤之气氛。当即一致通过四条议案，要求考察团代恳政府：

一、请政府即日对日宣战，旅古华侨，愿牺牲生命财产援助；

二、请国内各派牺牲私见，团结对外；

三、请政府撤办负责人员；

四、誓死保卫全中国领土。

侨胞们的爱国热情，激荡着吉鸿昌的内心，使他凭空多出了一股强大的信心：有如此多的爱国同胞，何愁抗日大业不成？

11月17日，吉鸿昌离古巴返纽约。随后，吉鸿昌同夫人和凌勉之一起参观了哥伦比亚大学：其学校规模之大，教授、学生人数之多，教学经费之充足，使吉鸿昌惊叹不已，也感慨不已。据统计，纽约市政府经费是中国政府1931年总预算的三倍；其中三分之一用在教育上，中国每年的教育预算仅相当于纽约市4天的教育经费。参观后，吉鸿昌感叹道："若是中国教育也能如此，何愁国家不强？"

一旁的凌勉之也说："中国的教育真是和这里相差了十万八千里啊。军阀官僚把钱都用在了打内战、相互贿赂、争权夺利上，拨给教育事业的经费却是微乎其微。这样艰难的教育环境，如何能让中国的下一代发展起来，中国的未来又在哪

《马关条约》签订场景

里?"凌勉之看了吉鸿昌一眼,"不过话说回来,先生省吃俭用在家乡办了一所学校,实在是有远见之极啊,令人佩服不已。"

"那都是小打小闹,于大局无补啊!"吉鸿昌顿了顿,"这次回去,我们必须呼吁:重视教育,发展教育。尽我们的绵薄之力。"

11月24日,吉鸿昌夫妇应黄振华女士之邀,前往叙谈、便餐。黄振华女士是革命先驱黄兴的女儿,当时在哥伦比亚大学研究教育。吉鸿昌素来对黄兴先生敬佩万分,这次能够在纽约见到他的女儿自然也是十分欣喜。他们从孙中山、黄兴谈到蒋介石,从辛亥革命谈到北伐战争,又谈到现在国内的形势。吉鸿昌向黄女士介绍了日本侵华的情况,痛心疾首地说:"蒋介石置国土沦丧于不顾,不管人民的死活,一心只想搞内战,剿灭共产党,却让日本人有机可乘,实是本末倒置啊。"黄女士由于长居海外,对国内形势不甚了解,对此感到非常诧异:"父亲那一代人为了国家抛头颅洒热血,好不容易辛亥革命成功了,推翻了封建专制。没想到现在……"吉鸿昌对于黄女士这样投身教育事业的学者非常钦佩,对黄女士发出了诚挚的邀请,希望在不久的将来她能就教于国内。黄女士也是爱国之人,表示有机会的话一定回国效力。当下,几人言谈甚欢,不时发出爽朗的笑声。最后于临别之际,吉鸿昌对黄女士的热情招待表示了诚挚的感谢,随后挥手道别。

吉鸿昌还在纽约结识了喻传鉴先生,两人他乡遇故知,彼此相见恨晚。喻先生是浙江嵊县人,是南开学校的第一届学生,后就读于北京大学。他以极高的爱国热情，参加了五四运动。毕业后回南开学校工作，教书育人卓有成效。他治学严谨，为人持重厚道，是南开学校校长张伯苓的得力助手。而这时喻传鉴先生正在哥伦比亚大学师范研究院专攻教育学，已经获得硕士学位，正准备回国。吉鸿昌了解到这些后，热情地邀请他参加考察团，然后随他们一起回国。喻传鉴对吉鸿昌这位爱国将领也早有耳闻，见面后对后者的爱国情怀极为敬服，于是欣然接受了邀请。

11月28日，吉鸿昌一行5人，乘船从纽约出发赴欧洲。当时他们所乘是一艘4.6万吨的巨轮，在大风大浪中前行，稳稳当当。吉鸿昌见此，不由得感叹：国事蜩螗，心中如焚。而国内衮衮诸公，埋首内战，消灭异己，不思抗日，不求科学技术之发展。以大西洋之惊涛骇浪，素以险恶著称于世，而今变为坦途。"人定胜天""科学之能征服自然"，于此得到证实。然而中国由于封建余毒的影响，遇事往往萎靡自甘。每遇艰阻灾荒之事，辄付之浩叹，不是归咎于命运，便说这是劫数。什么天祸中国啦，什么天降饥馑啦，不一而足。难道老天独厚于西方，而薄于中国？此种庸懦心理，岂不要亡国灭种？今后如果打算拨乱而反治，转弱而为强，不发奋积极从科学建设入手，以与天争，以与帝国主义争，还有什么选择呢？哥伦布发现美洲，在400年以前。当时并无所谓轮船，只因哥伦布具有决心、毅力与勇气，遂能排除万难，驾一叶扁舟，经数月航程，渡万里重洋，才能为欧洲各国开辟了一个新天地。以后富有冒险精神的欧洲人，乘风破浪，源源而来，披荆斩棘，筚路蓝缕，才造成现在美国之繁荣。而中国辽阔的西北各地，富饶未辟。虽东南至西北交通不便，又怎比大西洋难以逾越的险阻呢？东南各省人稠地狭，有些人却视西北为绝地。裹足而不肯前去。慨叹之余，话题转到与西人乘客交谈时的尴尬。当人家问及东北事件时，对于有200万军队、四万万人口的中国，却如此甘受日本人的欺侮，而疑惑不解……唉，国际地位低下，出门见人亦觉低人一头。不知国内埋首内战之诸公，有鉴于此，还腼颜昂首，勇于私争吗？念及于此，吉鸿昌心中也颇不宁静。

　　经历七天的航行，吉鸿昌一行于12月5日抵达伦敦，随后开始了频繁的参观活动。吉鸿昌参观了大英帝国博物馆。该博物馆创建于1753年。马克思寓居伦敦时，曾在此埋首研究学术，是一个令人神往的地方。据说，其藏书之书架，平排陈列，可长达90公里，其卷帙之浩繁可想而知。吉鸿昌参观后也不得不惊叹不已。随后又参观了军器博物馆，博物馆里陈列着第一次世界大战时的军械服装模型，还展示了传递军情的方法和利用保护色进行军事伪装的技术。吉鸿昌颇有感触道："未出国，竟不知道西洋现在有了如此别具特色的军用器械，实是井底之蛙啊！"

　　12月20日，吉鸿昌等人抵达巴黎。由于在英国去苏联的签证申请被驳回，吉鸿昌本想在巴黎办理。可是中国驻法大使魏道明同样拒绝了吉鸿昌的要求。苏联对待国民党政府一贯采取

甲午战争中的日军

敌视的态度。主张抗日的吉鸿昌更被他们视为眼中钉，他的要求岂会被满足？

　　此时，吉鸿昌听说巴黎市外的比映谷，有一个华工居住区，特去访问。第一次世界大战期间，法国壮丁多赴前线，后方工作缺乏人手，法国政府与中国政府订约，先后在天津、青岛、南京等地，招来华工15万人，订明5年合同。战争期间，法国常以扫除战壕的名义，勒令华工开往前线，以数万计。所谓扫除战壕，无非是敌军退却后，每次皆先派华工部前往探路，倘偶遇壕内伏有敌兵，即遭无谓牺牲，吉鸿昌对于流落异邦的侨胞心怀怜悯，询问知情者："此地侨胞还有多少人？""总数1500人，比映谷仅300人。""失业者几何？失业后生活如何？""失业者约三分之一。侨工共开有饭馆8处。有工者，吃饭付钱，无工者，则暂时记账。但餐馆入不敷出，长此以往，只有同归于尽而已。""为什么不设法回国？""一言难尽……"

　　吉鸿昌听说后，气愤难耐。华工在法国境地竟如此不堪，而法国政府却放任自流，不加救助。好歹这些华工也曾在战争中出过力，却受到如此待遇。而中国政府对他们的遭遇也不管不问，死者多少，存者多少，一概不管。这与人贩子何异？而把这些华工遣返回国的费用也不过寥寥，却无人理会，任由他们在法国自生自灭。天下竟有如此不平之事？

　　12月26日，吉鸿昌一行由巴黎抵比利时首都布鲁塞尔，随即驱车凭吊滑铁卢古战场，瞻仰历史风貌。27日车过卢森堡，

大英博物馆

进入法境继续参观。

12 月 31 日抵达柏林后，吉鸿昌再次提交进入苏联的申请，得到的答复却是仍需等待二至三周的回复。

1932 年 1 月 3 日晨 6 时，抵达哥本哈根，寄宿于车站旁旅馆。第二天，吉鸿昌等人参观瑞典。瑞典素称北欧寒冽之地，但其富庶繁盛仍给吉鸿昌一行留下了深刻印象。

1 月 8 日，吉鸿昌一行由丹麦返回德国汉堡。

由于苏联方面迟迟没有回复，而国内抗战形势又瞬息万变，吉鸿昌归心似箭。1932 年 1 月 28 日淞沪抗战爆发，吉鸿昌闻讯，于 1 月 29 日乘船从马赛出发，踏上了回国的旅程。在船上，他总是嫌船太慢，说道："快点到上海吧，下了船，我就可以直接参加十九路军对日作战了，即使当个普通士兵也心甘情愿。"回国的旅程十分漫长，吉鸿昌利用这段时间思考了这段在国外的旅程，决定出一本书，用来记录在国外的所见所闻，也算是对国人的贡献，这就是后来出版的《环球视察记》。

2 月 28 日船到吴淞口，吉鸿昌见到日本军舰正在攻打吴淞炮台，而国民党的军舰却不还一枪。顷刻之间，高楼大厦变成瓦砾堆，浦西建筑，也多被毁。吉鸿昌在甲板上顿足高呼："放炮啊！放炮啊！"然后对周围的人说："看！我们的数百万同胞就在那炮火里！"说完失声痛哭。轮船抵港，但见逃难同胞，人山人海，横卧竖仰，犹如肉货。见此惨状，吉鸿昌满心悲愤，不禁泪水盈眶。

八、找到道路，迎来新生

淞沪抗战进行得可歌可泣。十九路军自开战以来，在蒋光鼐、蔡廷锴的指挥下奋起反击，多次打退了日军的进攻，给日本侵略者以沉重打击。中国军民显示了不畏强暴的精神。上海工人在中国共产党的领导下，举行抗日大罢工，全力支援抗战。各界人民也组织起反日救国会、抗日义勇军、运输队，积极支援前线。十九路军在人民的支援下奋勇杀敌，对敌给予极大杀伤。但日军增援兵力源源而至，到 2 月底，日军总兵力增至 4.4 万人。3 月 3 日向中国军队阵地发起总攻击，十九路军被迫全线撤退。不久，在西方列强的干预下，双方开始停战谈判。

在上海一片混乱的情况下，吉鸿昌只能暂居在一家较为安全的旅馆中。有关战事的各种新闻报纸，他一份不落，每天必看，然后借以分析战局。看到悲愤处，他只能在屋子里来回踱步，深深思考着。自从回国后看到上海的惨状，吉鸿昌知道国民党是完全靠不住了，彻底坚定了他成为一名共产党员的决心。但是，

1927年的上海

上海这么大，又这么乱，到哪里去找共产党呢？他突然想到了浦化人，知道他是一名共产党员。他觉得浦化人一定会对他有所帮助的。果然不出吉鸿昌所料，浦化人还在上海。费尽周折之后，两人终于见了面。

浦化人打趣道："世五老弟，你总算回来了，我还以为你葬身鱼腹了呢！"

吉鸿昌苦笑道："老天可还要留着我，回国效命呢，哪里肯轻易让我死。"

"那老弟今后可有什么打算？你也清楚，蒋介石是不会再重用你的。"

"抗日，救国！"

"你手下无兵可用，又无枪支弹药，如何抗日？"

"只要我们国人能团结起来，随时都能拉出一支抗日大军来！而且我这不是找你来了吗？我相信共产党代表广大人民的利益，一定能带领我们一起抗日。"

浦化人从口袋里拿出一张写得密密麻麻的纸，递给吉鸿昌。吉鸿昌认出了这是冯玉祥的笔迹："吾国同胞，亟应梦醒，否认媚外政府，从速组织代表民意之机关，各抒己见，共救危亡，团结民众之力量，一致对外，督促全国军队开赴前线，正式抵抗日本帝国主义之侵略。而为正当之防御，雪此无上之奇耻，中国存亡，在此一举。"浦化人补充道："我建议你去见见冯先生，我想你也一定很想见见他。冯先生在国民党一中全会、二中全会，以及特委会、军委会上提出的具体抗日议案，遭到了抵制后，到了山西。听说他在山西峪道河与我党有了联系，主要是商谈合作抗日之事。我想你作为他昔日的得力干将，能进一步坚定他挽救危亡的决心。"吉鸿昌心想：一年多没见老长官了，于情于理都应该去看看他了，可是现在最想的，还是先和共产党取得联系。他说："游子归来，首先要看的是母亲啊，我有话要说。"一段沉默过后，浦化人问道："世五老弟，你吉大胆的外号谁人不知？不信鬼神，不信上帝，不知道你现在信什么啊？"吉鸿昌毫不犹豫地回答道："三民主义，社会主义，共产党我都信，就是不信蒋介石。"浦化人别有意味地看着他："老弟你抗日革命的决心我已经明白了，我会负责转达的，你就耐心等着吧。"吉鸿昌站起来说："君子一言，快马一鞭。还有，在转达我请求的同时，再捎带一句，如果党的经费发生困难，给我个信，我亲自送来。"

回到旅馆后，吉鸿昌对妻子说："我们明天就回天津去。"胡兰英明白丈夫的心思，点头同意了。第二天，吉鸿昌夫妇告别了凌勉之等人，踏上了回天津的列车。在车上，吉鸿昌就抑制不住自己激动的心情，他明白共产党一定会派人来找他的，现在就恨不得早点到天津的家里。

火车到站，迎接他们的是姐姐胡云英和姐夫林少文等人，这让吉鸿昌颇为高兴。一行人说说笑笑乘车回到了家里。

3月中旬的一天，一个头戴礼帽、身穿长衫的人来到了吉鸿昌家里。待到吉鸿昌下楼，一见到来人，不由高呼："哎呀，竟然是你啊，侠父老弟，久违了。"吉鸿昌明白，宣侠父是代表党来见他的。见了老友，吉鸿昌抑制不住内心的激动，详细地讲述了出国半年的所见所闻，以及他自己抗日的决心。宣侠父是了解吉鸿昌的，他向吉鸿昌介绍了当前的形势："在日本帝国主义的侵略面前，蒋介石暴露出了他的独裁本质，却没想到加速了中国人民的觉醒。全国广大民众包括海外侨胞，都十分关注祖国的命运，积极开展各项抗日救亡运动。因此我党号召全国各党派联合起来，共同抗日。支持组织民众义勇军与游击队，参加对日作战。同时呼吁国民党当局从抗日大局出发，立即停止进攻苏区。"他还介绍："1931年11月，在江西瑞金召开了第一次全国工农兵代表大会，会上通过了中华苏维埃共和国宪法大纲，宣告了中华苏维埃共和国临时中央政府的成立，毛泽东当选为主席。从此广大被压迫被剥削的劳苦人民有了自己的政府。"吉鸿昌听后，很是兴奋，看着宣侠父说："当初，我也是稀里糊涂加入国民党的。要不是后来我在你们共产党的身上看到了光明和希望，我现在还在助纣为虐呢。"吉鸿昌顿了顿，"也是你这个政治理论的启蒙老师，让我懂得了许多革命的道理，让我更加懂得了，跟着蒋介石是没有前途的。现在，请你相信我对共产党的信仰，虽然我的觉悟不一定很高，但我的决心是坚定的！我希望跟着共产党一起，为人民创造幸福。希望你能明白我的心。"

宣侠父没想到吉鸿昌说得这么直接："士别三日，当刮目相看。我没想到你能说出这番话来，可见你的宽广胸怀和你的忠诚。"他沉思片刻，抬起头对吉鸿昌道："我最近要去一趟上海，你要不要跟我一起去。有机会的话，我给你引荐几个同志，会对你有所帮助的。"吉鸿昌欣然答应，他认为这是一个接触更多志同道合朋友的大好机会，"我就以治病为由去上海，大概不会招致有心人的怀疑。"

几日后，吉鸿昌秘密到达了上海。宣侠父去找组织接头，吉鸿昌则去拜访凌勉之。但是回到旅馆后，宣侠父脸色不太好，结果并没有吉鸿昌想的那么顺利。原来由于当时严酷的斗争形势，对吉鸿昌的要求，党组织的态度十分审慎。吉鸿昌作为一个曾经的国民党高级将领，尽管怀着一颗热诚的心想要加入共产党，但是他的这个愿望并没有立刻实现。而吉鸿昌也没有太过沮丧，他相信凭着一颗赤诚之心，共产党一定会接纳他的。

终于，吉鸿昌期待已久的机会来了。5月上旬，吉鸿昌家里来一个人，他就是赵彦卿。赵彦卿是冯玉祥驻北平代表，负责与各方联系。赵彦卿开门见山地说："我这次贸然来访，是受冯先生之托，他对老弟你甚是想念啊！"吉鸿昌很是感激，正色道："多蒙冯先生关怀，学生不胜感激。冯先生对学生的恩情，今生没齿难忘！"赵彦卿脸带敬佩地说："久闻吉鸿昌重情重义，乃性情中人，今日一见，果然名不虚传。"他此时没有了刚才的拘谨，稍微轻松了些，"冯先生对于1927年在西北军搞清党'送客'，认为这件事是做错了，感到很不是滋味，所以现在决定再度同共产党合作，一致抗日。冯先生还说，日本人打进来了，不抗日，中国是没有出路的。"吉鸿昌听了，心中为之振奋，有了冯玉祥的支持，他心中更有信心了："九一八事变后冯先生发出呼吁抗日的讲话和文电，我都拜读了。我非常高兴与冯先生又有了同样的奋斗目标。请转达我对冯先生的问候。如今老蒋不想抗日了，那就我们自己干！我今后更要竭忠尽虑，与冯先生保持联系，同共产党真诚合作，奔赴抗日战场。冯先生如此大义，我辈又岂能畏缩不前！"赵彦卿对吉鸿昌的爱国精神十分敬佩，低声说道："冯先生痛定思痛，认为要抗日必须同华北党的负责人达成默契，取得他们的领导和帮助。你二人所见略同。过几天你去北平找我。"当即留下地址后，二人握手告别。

过了一个星期，吉鸿昌履约来到赵彦卿的家里。吉鸿昌刚要敲门，没想到门却开了，赵彦卿伸出头向两边看了看，然后马上把吉鸿昌拉了进去，快速地关上门。吉鸿昌在赵彦卿的示意下，朝屋内走去。只见屋里坐着一位 30 岁左右的青年人。互相介绍过后，才知道他就是中国共产党在北平的重要负责人吴成方。两人的手紧紧地握在一起，两个志同道合的革命战友见了面。吴成方对吉鸿昌的事情早有耳闻，心中对这位爱国将领也是钦佩不已。当下，吉鸿昌便坦率地向吴成方表达了自己想要加入中国共产党的愿望。他表示自己经过几年的追求和探索，愿意站在广大人民的立场上，为革命事业而献身。他也相信只有中国共产党才能带领中国走向光明和希望。对于吉鸿昌的态度，吴成方是十分满意的。他听完吉鸿昌讲述了自己的家庭情况，然后说："你愿意投身于革命的立场和你走过来的足迹，以及你的为人，我们大体清楚。也理解你要求加入我党的愿望和决心。我党欢迎一切愿意投身于革命的同志，一道为革命事业而奋斗。但是我们希望你能接受党组织对你的考验，这也是党对每一个要求加入的同志的要求，希望你理解。"吉鸿昌对此表示了认同，并说道："我愿意接受党的一切考验，有什么任务，尽管安排，我一定尽全力完成。如果党的经费有困难的话，请通知我，我一定帮助解决。"吴成方出于安全考虑，对吉鸿昌说："党的活动是秘密的，希望我们今天的谈话能够保密，不要告诉任何人，包括你最亲密的人。"随后便和吉鸿昌握手告别。

吉鸿昌得到了共产党的初步认同以后，扫除了心中的迷茫与失落，找到了奋斗的方向。他除了抓紧时间阅读革命理论书籍。生活也变得更加丰富，经常外出参加户外活动，经常汗水涔涔地回家，也免不了受妻子的嗔怪，他却甘之如饴。

没过多久，按照吴成方同志的指示和要求，吉鸿昌亲自到驻湖北省黄陂县宋埠一带的原二十二路军所属的几支部队中，以寻找和看望他的旧部官兵为名，试图发动一部分队伍举行武装起义，就近投奔鄂东北苏区，加入中国工农红军，参加抗日救亡运动。

当吉鸿昌只身到达第三十军军部驻地宋埠时，犹如一石激起千层浪，受到了许多旧部的欢迎，但也有人为此感到惶恐。

时任第三十军军长兼三十一师师长的张印湘听说此事，匆忙赶回汉口避嫌。第三十师师长彭振山，也在匆忙见了吉鸿昌一面之后，躲到汉口去了。

吉鸿昌意识到事情有变，急忙联系与自己私交甚好的第八十九旅旅长彭国桢。后者收到消息后马上赶到宋埠，一见面就说："总指挥，你来得不是时候啊！你还是马上离开宋埠！"一边说，一边拉着吉鸿昌的手就往外走，"你这位客人来得不是时候，谁敢接待你呀！事不宜迟，赶快跟我走。"出于对朋友的信任，吉鸿昌跟着彭国桢离开宋埠，来到了四十多里以外的尹家河，暂且寄身于八十九旅。而后，吉鸿昌本想邀请张印湘和彭振山回来见个面，但二人却是再次拒绝了。

吉鸿昌觉得机不可失，不能再拖延了，于是当机立断，召集八十九旅所有营以上的主官开会。会上，吉鸿昌痛斥了蒋介石所实施的"攘外必先安内"政策给民族带来的巨大灾难，并指明了中国的出路和希望在苏区。经过吉鸿昌的陈述，凭借吉鸿昌的个人魅力，终于有一部分人表示愿意跟随吉鸿昌投奔红军。随后，吉鸿昌很快集合起了一支约有三四百人的队伍，趁着夜色出发，奔往苏区。谁知，闻讯赶来的张印湘和彭振山带着大部队把吉鸿昌的队伍包围在了山坳之中。无奈之下，吉鸿昌只得带着身边随从数人，突出重围，向鄂东北苏区奔去。

几番周折之后，吉鸿昌一行人终于找到了中共鄂豫皖省委常委郑位三和省委常委、游击总司令吴焕先以及省委书记沈泽民。在这里，吉鸿昌受到了热情的接待，苏区人民杀鸡宰鹅，给吉鸿昌最好的接待。在此期间，吉鸿昌一行还参观了列宁小学、红军医院以及工厂和作坊等。然而，对于吉鸿昌等人的去留问题，省委领导经过反复讨论，作出一致决定：热情招待，但不收留。他们主要考虑到当时苏区境内红军队伍不多，编制不完整，无法安排吉鸿昌的军事职位。尽管这样，吉鸿昌仍然不想离去，他早就把苏区当做中国最后的希望之地，岂会轻易离去？

不过，一次与第七十九师师长徐海东的见面，让吉鸿昌改变了主意。徐海东曾对吉鸿昌说："吉总指挥，你就是带一个旅和一个师起义成功，打起红旗参加红军，也只能起到一个旅或者一个师的作用，于大局无补啊。但是如果这个时候，你拉起另外一支队伍，扰乱蒋介石的注意力，所起到的作用岂不是比你留在红军更为巨大？"吉鸿昌沉思良久，认为徐海东说的没错，于是改变主意离开苏区。临别时，沈泽民赠送吉鸿昌3000元作为路费，而吉鸿昌也把自己随身携带的金表、皮包、望远镜等分别赠送给几位同志留念。最后，几人在依依不舍中握手分别。

在秋高气爽的10月，吉鸿昌专程赶赴泰山，将自己亲自绘制的国耻地图和手书的"还我河山"条幅，送给冯玉祥将军，借以表达自己在抗日救亡问题上的坚定态度。冯玉祥将军非常欣赏吉鸿昌的爱国决心和鲜明立场，并提到自己不久将赶往张家口，筹备开展当地的抗日救亡运动，要求吉鸿昌先行回天津做好准备。

回到天津后，吉鸿昌又马不停蹄地前往北平，找到了吴成方，并把这次起义的过程原原本本向吴汇报了一遍，再次提出了要加入中国共产党的请求。吴成方认为吉鸿昌入党的条件已经成熟，对吉鸿昌说："吉鸿昌同志，你对反动势力疾恶如仇，自觉地追求真理，愿意加入共产党组织，党欢迎你。"自此，吉鸿昌正式成为了一名光荣的中国共产党党员。

吉鸿昌经过几年坚忍不拔的努力和党组织严格的考验，终于从一个旧军人转变成为一个共产主义战士。他知道，在党组织里，自己还是一名新兵，必须无条件地听从党指挥，更加严格地要求自己，做一个经得起党组织和人民严格考验的合格共产党员。

九、毁家纾难，誓死抗日

　　刚刚入党的吉鸿昌，对时局的变化尤为关注，他已经预感到了一场新的风暴即将到来，更意识到自己必须全力投入，准备迎接这场风暴的到来。

　　10月，冯玉祥到达张家口，寓居"爱吾庐"。吉鸿昌知道，冯先生表面上是在继续读书生活，以麻痹敌人，而实际上在秘密进行武装抗日的各项准备工作。

　　为了配合冯先生的行动，根据党的指示，吉鸿昌在天津家中也开始积极地进行抗日联络，以联合一切能够共同抗日的爱国力量。他一面写信给冯玉祥，再次表明了追随的决心；一面分别致函自己的同侪好友，向他们表明自己忧国忧民、义无反顾地加入抗日救亡行列的决心。同时还向他们分析了当下的局势，指出蒋介石的倒行逆施，不得人心，只有共产党才能救中国。

　　除此之外，吉鸿昌四处奔波联络爱国志士同他一起前往张家口抗日。吉鸿昌前往北平找到了葛云龙——自己的结拜好兄弟，邀请他一同抗日，后者欣然应允。吉鸿昌还嘱托葛云龙奔走宣传抗日，以拉拢更多的爱国将领一同抗日。

1933年1月3日，日军攻陷山海关，接着占领滦县、卢龙、昌黎等地，继而，日本强盗的铁蹄踏向热河和察哈尔。这时日伪任命张景惠为进攻热河总司令，张海鹏为前敌总司令。随后，日本侵略者不费一枪一弹，占领了承德。日军侵略气焰日益嚣张，挟占领热河承德的声势，出动陆、空军，长驱直入，向长城一线各地推进，企图一举吞掉华北。

1月17日，中国共产党发布了《为反对日本帝国主义侵入华北愿在三条件下与全国各军队共同抗日宣言》，进一步推动了全国各军队、各界民众的抗日热潮。驻守长城线上的中国士兵和义勇军，出于爱国热情奋起反击。1月20日，由阳泉开抵通县、玉田县一带的二十九军，3月11日开赴赤峰口参战，"长城抗战"爆发了。

吉鸿昌此刻虽然人在家中，但却时刻关注着战场上局势的变化。看到二十九军在喜峰口屡次打退日军的进攻，心中欣喜万分。但这种喜悦并没有持续多久，在蒋介石不抵抗政策下，中国军队节节败退，长城各口很快丢失了。吉鸿昌虽然心中焦急，但此时也无能为力。

很快，春节临近了。此时吉鸿昌满心思都在准备抗日上，因为党要求他尽快促成冯玉祥高举抗日大旗，同时，还希望他有一支亲自领导的武装力量。但是妻子希望他陪着家人热热闹闹地过了一个年。吉鸿昌拗不过她，只好同意。至于过年前的准备，他干脆全权交给妻子去安排，只是嘱咐后者尽可能地节俭。大年三十晚上，吉鸿昌破例陪着副官、护兵们打麻将到天亮。大年初一拜年的时候，他也没有忘记利用这个机会联络好友石友三、任应岐等人，联系感情，交换对局势的看法。

3月的一天，高兴亚受冯玉祥的指示来找吉鸿昌。一阵寒暄过后，两人直奔主题。

"冯先生这几天因为军中事务，忙得焦头烂额。他特别表示因退守热察一带的抗日义勇军头绪众多，各不相属，谁指挥谁，颇感棘手。他对世五兄你寄予厚望，说你有勇有谋，是军中的抗日能手，也是带兵能手。看来老兄定是重任在肩。"

"我想你也是为这事来的，承蒙先生这样看得起我，吉某感激不尽。其实我早有信给冯先生，表示自己愿以身许国，即使你不来找我，过几天我也会去张家口的。抗日救国乃吾侪之本分，我这条命，能死在抗日战场上也值了。"

"世五兄有如此觉悟，实乃我辈楷模。既然如此，我也不留了，我还要去联络其他的同志。告辞！"

没过多久，吉鸿昌在张家口的友人来信告诉他：冯先生正在加紧同各方联系，以取得舆论和物资的支持，尤其对先后退入察境的东北义勇军如冯占海、邓文、李忠义、汲汉东等部，以及热河姚景川的地方部队，曾任国民党骑兵师师长、辛亥革命元老张砺生的察哈尔地方部队等，也分别派人进行接触。

吉鸿昌意识到，时机已经成熟，于 3 月下旬，由天津启程，途经北平，3 月 25 日抵达张垣。

　　吉鸿昌的到来让冯玉祥非常高兴，他在自己住的"爱吾庐"款待了吉鸿昌。饭后两人开始了促膝长谈。尽管已分别多年，但吉鸿昌依然非常尊敬冯玉祥，仔细听取冯玉祥的指示。经过一番商议，冯玉祥决定给吉鸿昌编制一个军，让吉鸿昌在短时间内做好组军工作。吉鸿昌欣然受命。

　　但是受当时资金所限，新军的武器装备成了很大的问题。为解燃眉之急，思虑之下，吉鸿昌决定拿出自己的积蓄用来购买武器弹药。胡兰英收到丈夫的来信，二话不说便从银行里取出了全部 6 万元积蓄，用来购买军火。为了让丈夫能够安心，胡兰英给丈夫回了信。

　　夫君如面：

　　天津已是乍暖还寒时候，想察哈尔恐怕还是冷风嗖嗖吧？抗日军初创，自是头绪纷繁。我最担心的是你不知爱惜身体，你总是自诩身体为黑铁塔而不会休息，岂不知馒头是要一口一口来吃的，一口是吃不成胖子的。语曰欲速则不达。夫君以为然否？

　　取款买枪之事，当遵嘱办理。抗日，此乃义举，把钱用在抗日上，实属正当用途。为抗日过穷日子，于心也甘。

　　为了避免招惹麻烦，妾当躬亲其事，一俟办成，我当亲自送去。我深知军器是军中急需之物，请君静候佳音。

此颂春绥　霞上

吉鸿昌收到妻子的信，心中一暖，有妻如此，夫复何求。只是也对妻子心中有愧，自己常年在外，不能陪在她身边，让她受委屈了。等抗日胜利，一定要好好陪她，以弥补自己对她的亏欠。只是世事无常，未来的事情谁也不知道……

为了保证武器能够及时到位，胡兰英亲自在天津动用关系，花钱打通关节，分批买下了所需的冲锋枪、手枪及子弹若干。但是如何把武器安全地运送到张家口却让胡兰英犯了难。最后，权衡利弊之下，她决定租用"满洲铁路汽车公司"的汽车，把军火装在两只新买的皮箱里，自己亲自护送到张家口。然而，汽车刚刚到宣化时，就遇上了拦路哨兵检查。一只皮箱被哨兵用刺刀挑出一个口子，胡兰英眼疾手快，把事先准备好的两条金条偷偷塞给了哨兵，免去了一场麻烦。最终，两箱军火被顺利地运送到了张家口。

1933 年 5 月 26 日，在冯玉祥的不懈努力和中国共产党及各界爱国民众的鼎力支持下，察哈尔民众抗日同盟军在张垣正式成立。冯玉祥任同盟军总司令，吉鸿昌任同盟军第二军军长、张垣警备司令兼警察局局长。

察哈尔抗日同盟军亮出了抗日的旗帜后，在全国产生了极其强烈的反响，得到了全国爱国民众的热烈支持，许多抗日团体，纷纷打来声援的电报。东北义勇军后援会还雪中送炭送来10万元的经费,大大鼓舞了同盟军的士气。

随着同盟军树起了抗日的旗帜,全国民众的爱国热情迅速高涨起来,形成了一股抗日救亡热潮。在这股热潮的推动下,冯玉祥下定了决心,加紧准备对日军事行动。除此之外,抗日形势的日益严峻也是推动冯玉祥下定决心的重要原因。5月31日,国民党同日本签订了卖国的《塘沽协定》,实际承认了日本占领长城及山海关以北地区为合法,并把长城以南20余县规定为不设防区。这一下华北门户洞开,平津即将处于敌人的铁蹄之下。6月1日,日机开始轰炸独石口一带。与此同时,孙殿英的部队由察东开抵沙城一线,矛头直指抗日同盟军。张家口形势陡然严峻起来。

在这样的形势下,同盟军也开始动员起来。6月15日,抗日同盟军第一次军民代表大会在张家口召开。冯玉祥、吉鸿昌、方振武、宣侠父、张慕陶等人参加了会议,在会议进行的5天时间内,通过了抗日同盟军纲领,关于军事问题、财政问题、军队政治工作与协助民众运动的决议案,以及军委会组织大纲。6月20日,冯玉祥任命吉鸿昌为前敌总指挥,率部北进,收复失地。6月21日,吉鸿昌向北路军全体官兵发布了进军命令,其要旨如下:一、日逆军占据沽源、多伦一带,有进犯察省的企图;二、本军有击灭该敌,收复沽源、多伦等失地之任务;三、本军拟明以主力成三梯队,由现场出发,集中于张北附近,准备以后之作战。第五路为左翼第一梯队，由左卫出发，向张北县以北地区集结待命。第十六军由万全县出发，向张北县以东阮家庄一带集结待命。骑兵第三师为第三梯队，由张家口出发，到达张北县附近停止待命。

出发前，吉鸿昌骑在马上，以威严的神态向着队伍扫视。他看到士兵抬头挺胸，排着整齐的队伍，气势高涨，满意地点了点头。接着他满怀激情地说道："战士们，九一八以来我们中国军队一直被日本人压着打。今天，我们反击的时候终于到了，别的话我就不说了，送给大家几句话共勉，'有贼无我，有我无贼。非我杀贼，即贼杀我。半壁河山，业经改色。是好男儿，舍身报国！'"

满腔的爱国热情激发了战士们强烈的斗志，经过激烈的战斗，吉鸿昌率部收复了康保、宝昌和沽源等地，同盟军的士气也进一步提高。挟着胜利之势，同盟军又开始向多伦进军。

多伦据滦河上游，历来是战略要地，由日军骑兵第四旅和伪军一部驻守，城外有八卦炮台32座，及内外交通壕和电网等工事，堪称易守难攻。7月1日，同盟军分三路向多伦进攻，经过艰苦卓绝的战斗，逐步占领了多伦外部据点。最后，只剩下多伦城未破。10日晚，吉鸿昌亲率敢死队，连续三次猛烈攻城，均未奏效。只得先暂时退去。11日夜，吉鸿昌用计派士兵，扮作商贩潜入城内，在内外夹攻之下，终于攻破城门，同盟军长驱直入。又经过了三个多小时的激烈巷战，最终收复了沦陷七十多天的多伦。这是九一八事变以来中国军队第一次重大胜利，其意义堪称空前。

多伦城的收复，震惊中外。吉鸿昌收复多伦的壮举，大大提升了全国人民抗日救国的信心，他也因此受到了无数的赞美。上海爱国团体救国联合会致电冯玉祥和吉鸿昌："政府之所不敢为者，而公等为之，政府之不能克者，而公等克之。尽筹硕画，岂惟大快人心，直使今后之欲为石敬瑭、秦桧者，将有所畏慑，而不敢径行其私。"对他们的壮举大加赞扬。

然而，人民对同盟军的赞扬，令蒋介石非常不快。因为这与他敌视共产党的立场相违背，他觉得自己的权威受到了挑衅。于是发表谈话说："多伦没有日本人，哪会有战争？这是冯玉祥被共产党包围了制造的谣言。"日军也不甘多伦被夺，威胁同盟军如果不在三日内退出多伦，他们就全力进攻热河。对此，冯玉祥也不甘示弱，针锋相对地回答道："限倭奴三日内速觉悟，退出东三省，否则即以全力攻取热河。"

蒋介石认为同盟军的发展威胁到了他的安全，秉着卧榻之侧岂容他人鼾睡的理念，于7月下旬，派16个整师、8列装甲车、数架飞机围攻同盟军。蒋介石大兵压境，并发出了通牒：勿擅立各种军事名义、勿妨害中央边防计划、勿滥收散军土匪、勿引用共匪头目。与此同时，国民党还在政治上、舆论上不断施加压力，并派出特务进行暗杀，这导致同盟军内部一部分人丧失了信心，其中就包括了冯玉祥。眼见事不可为，冯玉祥8月5

"九一八事变"日军占领吉林

日发出通电："自即日起完全收缩军事，政权归之政府，复土交诸国人，并请政府下令原任察省主席宋哲元回察接受一切办理善后。"之后冯玉祥于14日凌晨乘火车奔向泰山去了。

然而，即使是这样，吉鸿昌也不愿意放弃，他决定旗不倒、盟不撤，决心上坝，抗日到底。但是一部分打着抗日招牌的杂牌军，四散离去，还有的投靠国民党，致使同盟军最后只剩下三四千人。最终由于寡不敌众，抗日同盟军这股抗日新生力量只能无疾而终。虽然同盟军失败了，但他们敢于向日本侵略者挑战的勇气，大大鼓舞了全国人民的抗日信心。在日本帝国主义侵略者面前，表现出了中国人民不屈不挠的大无畏英雄气概。

同盟军失败后，吉鸿昌乔装打扮，巧妙地摆脱了险境，辗转回到了天津。吉鸿昌回到天津后，胡兰英正在家中心急如焚地等着他的消息。这几日报纸上报道的察哈尔同盟军失败的消息，让她寝食难安，为丈夫担心不已。"这大好的抗日形势，怎么说变就变了呢？"胡兰英对此疑惑不解，直到看见吉鸿昌安然无恙地归来，她心中的大石头才落了地，长舒了一口气。对她而言，丈夫能够安全归来，比什么都重要。

十、地下工作，斗智斗勇

　　那段时间，国民党在天津大肆实行白色恐怖，大量逮捕共产党员和革命者，人人提心吊胆，生怕被当成共产党抓起来。然而即使是这样的严峻形势，也没有吓倒吉鸿昌。潜回天津后的吉鸿昌并没有消极等待组织的消息，因为此时他的单线联系人吴成方人在上海，无法与他取得联系。因此，他主动开始寻找党组织。1934年1月，吉鸿昌与宣侠父取得了联系，但后者也失去了与组织的联络。出于对宣侠父的信任，吉鸿昌向他表明了自己共产党员的身份。两人商量后，决定一同去上海寻求与组织的联络。因为上海是当时中共中央的所在地，更有可能与组织取得联系。

　　于是二人经过一番精心的乔装打扮，从天津搭乘轮船来到了上海。到了上海后，二人很快见到了中央的代表王世英。吉鸿昌向王世英详细汇报了察北抗日的情况，并提出了恢复组织关系的请求。第二天，王世英正式代表党组织确认并恢复了吉

101

鸿昌和宣侠父的组织关系。

与组织再次取得联系后，吉鸿昌返回了天津，浑身仿佛充满了用不完的力气，因为他再次找到了指路明灯。3月初，南汉宸夫妇受党的指示来到天津，并与吉鸿昌接头。南汉宸有着丰富的地下工作经验，他的到来使吉鸿昌不再感觉势单力薄，找到了志同道合的战友，也让吉鸿昌欣喜不已。随后，吉鸿昌与南汉宸、宣侠父一道，开始广泛联络各地反蒋抗日力量，全身心投入到组织抗日民族统一战线、建立抗日武装等工作中去。

4月10日，中共中央发表了《为日本帝国主义占领华北、并吞中国告全国民众书》，指出："一切真正愿意反对帝国主义的不甘心做亡国奴的中国人，不分政治倾向，不分职业与性别，都联合起来，在反帝统一战线下，一致与日本和其他帝国主义作战！"党的号召，极大地鼓舞了广大人民群众的反蒋抗日热情，激发了不少失意军人的爱国心，推动了全国各地革命形势的发展，也为地下工作者提供了思想武器。5月间，吉鸿昌在天津成立了中国人民反法西斯大同盟，进一步推动了抗日形势的发展，也为抗日民族统一战线的形成奠定了基础。为了联络方便，也为了安全考虑，吉鸿昌把自己在法租界四十号路的家，变成了党在天津的主要联络站。

为了进行抗日宣传，吉鸿昌等决定编辑出版《民族战旗》，作为反法西斯大同盟的机关刊物。他自己出钱，在自己家的三楼，布置了一个简易的印刷所，作为出版刊物之用。为了准备

《民族战旗》，吉鸿昌常常没日没夜地工作，直把自己熬得双眼通红，但他的精神却很振奋。工作虽累，但对吉鸿昌而言日子过得却很充实。工作上，有一群志同道合、肝胆相照的战友，相互之间充满了革命友谊，一同为抗日大业奋斗着；生活上，妻子对他的照顾无微不至，而且还无条件地支持他的革命活动。有这样一个贤内助，吉鸿昌工作起来更加充满干劲。工作之余，吉鸿昌还时常给自己的孩子指认中国地图，并教导他们爱祖国、爱人民，反对日本侵略者。

为了建立抗日民族统一战线和推动抗日救亡运动的发展，吉鸿昌开始思虑如何重整旗鼓，组织抗日义勇军，进行武装抗日。吉鸿昌、南汉宸和宣侠父三人经过反复商量，最后决定通过关系策反吉鸿昌的旧部。自从察哈尔民众抗日同盟军被镇压失败后，许多具有抗日民主爱国心的战士被遣散，居住在河北、察哈尔、绥远等省，主要集中北平、天津、保定等城市里；而一部分未被蒋介石军队收缴走的枪支弹药，也分散藏在民间。吉鸿昌三人决心重新组织起这些隐藏的武装力量。另外一方面，吉鸿昌和任应岐计划发动任应岐在豫陕一带的旧部，并与徘徊在河南山区、受到排挤、随时有可能被吃掉的杂牌部队结合起来，形成若干股力量。待时机成熟以后，可以在中原发动暴动。1934年5月，吉鸿昌一面派副官到江西联络旧部，一面与南汉宸和宣侠父等同志一起紧张地奔波于平、津和华北各地，进行组织联络工作，同时暗中筹集资金，购买军火，准备建立抗日武装。与此同时，吉鸿昌在南汉宸等同志的帮助下，通过各种渠道，积极在各地发动人民武装。他还通过老关系联络了一批原西北军中具有反蒋爱国思想的旧军官，其中有在西北活动的苏雨生、邢肇棠等人，也有在豫皖一带活动的王太、马长有等人。此外，吉鸿昌又让自己的好友李经吾前往归德一带，利用他人脉广、阅历深的长处，在这一地区发动群众，伺机举行暴动。就这样，在吉鸿昌和他的战友们的共同努力下，抗日武装的队伍逐渐壮大起来，形成了一股不可忽视的力量。

十一、慷慨赴死，英勇就义

　　吉鸿昌的积极活动引起了国民党特务的密切注视。国民党北平军分会特务处头目郑介民的暗杀黑名单中，吉鸿昌被列为头号目标。凡是与吉鸿昌有过接触的人，都被国民党特务跟踪监视。国民党南京复兴社特务处还派出大批特务到天津，加紧对吉鸿昌等共产党员及反蒋抗日爱国人士的监视和盯梢，同时还派特务混进反法西斯大同盟内部窃取情报，进行破坏活动。作为共产党员联络处的吉鸿昌的家，自然也受到了重点"照顾"。

　　其实，吉鸿昌早就对监视自己的特务有所察觉，每次他外出的时候都能感觉到有人在后面跟踪自己，同时发现自己的住所附近也常常有一些不三不四的人在游荡。为了党组织和同志们的安全，吉鸿昌当机立断，改变了联络地点和方法，停止出版《民族战旗》，秘密地把印刷设备转移他处。为了迷惑麻痹敌人，吉鸿昌故意表现得腐朽堕落，整天在惠中饭店等地"打牌""访友""听唱片"。实则是以此为名，与各地反蒋抗日人士进行会谈、联络。为了不中断联络，他还派自己的副官牛建中在北平鼓楼大街建立新的秘密联络点。

不幸的是，9月间，在安徽、河南边界进行武装抗日工作的组织成员被捕，导致吉鸿昌等人在天津的地下工作暴露。蒋介石为此大发雷霆，居然在他的眼皮子底下进行反对自己的地下工作。于是勒令国民党北平军分会，不惜一切代价逮捕吉鸿昌，令复兴社特务处伺机暗杀吉鸿昌等人，以铲除威胁。

在这种紧张的环境下，吉鸿昌沉着地思考着对策。他考虑到自己手中还有未完成的任务，于是决定自己留下，让南汉宸、宣侠父等人先行撤离。本来南汉宸要吉鸿昌跟他们一起走，但吉鸿昌不容置疑地说："建立抗日武装，重举抗日旗帜的计划，刚有头绪，不能半途而废，总得有人在这里坐镇指挥，否则此事将会受到很大影响。所以我还是晚走几天吧，你们先走。"南汉宸拗不过吉鸿昌，只得先走了。

出于安全考虑，10月9日，吉鸿昌把家搬到了英租界牛津别墅三号。而为了不引起别人的怀疑，吉鸿昌依然像往常一样，到惠中饭店等处同友人"玩乐"，以降低特务们的警惕心。但随着形势的变化，特务的魔爪已经伸向了他。

11月9日，吉鸿昌匆匆赶回家里，对妻子说："把存折拿出来吧，有一批武器要交钱。这些钱用在刀刃上，值得！"妻子深明大义，了解自己丈夫的工作，也没有多说，把存折递给丈夫后，说道："去吧，记得保护好自己，我和孩子等着你。""不行，你

五四运动

们赶快离开这里，快收拾收拾。"说完，吉鸿昌转身走出家门，赶往国民饭店。

吉鸿昌知道今晚的见面很重要，他要与广西李宗仁派来的代表会谈。尽管知道国民党特务活动越来越频繁，但吉鸿昌并没有退缩。但是正当会谈进行的时候，国民党特务勾结了法租界工部局巡警，悄悄包围了国民饭店。

为了弄清楚吉鸿昌在房间的位置，化了妆的特务"杨小姐"，在楼道上假装玩小皮球，然后故意把球抛入吉鸿昌的房间。此时吉鸿昌正和刚刚到的客人，打着"打牌"的幌子，低声交谈，用哗哗的洗牌声来掩盖说话声。敲门声惊动了他们，只见一个妖里妖气的女人在门口探望，说要找一个皮球。当她看清了吉鸿昌的位置、穿的衣服后，趁机在门框上用粉笔画了个"×"。

说来也巧，吉鸿昌因座位紧挨暖气片，感觉太热，遂脱去外衣，只穿着一件白褂。吉鸿昌临时起身接了一个电话，由身着白衬衫的桂系代表王化南代替他坐在位子上。而这时，突然咣当一声，房门大开，闯进一个身穿西装的持枪杀手，对着身穿白衣的王化南开枪射击，后者当场死亡。吉鸿昌也在流弹中受伤。正当吉鸿昌想要逃离此地的时候，他想到自己一定是被国民党盯上了，如果贸然行动，一不小心就会把一些联络点暴露出来，牵连组织，后果不堪设想。一念及此，吉鸿昌坦然地回到了原来的房间，镇定地等着特务的到来。没过多久，吉鸿昌以杀人嫌疑犯的罪名被"闻讯而来"的巡警逮捕。他托着受伤的胳膊，一步一步地走向囚车。他平静而沉着，显示出一名党的地下工作者的坚定与成熟。

吉鸿昌被捕后，由于身上有伤，所以被押解到法租界天主教堂后的法国医院医治。夫人胡兰英得知消息后，似凉水浇头，浑身战栗，匆匆赶往国民饭店了解情况。随后，她意识到家里还有文件资料，必须要赶在敌人搜查之前，马上处理掉。于是，她又急忙返回家里，同家人一起找出党的文件、会议记录和革命刊物等，进行紧急销毁。随后，她还不放心，又把家里翻箱倒柜地检查了一遍，这才放下心来。这个时候她才有时间去医院探望丈夫。此时的胡兰英毕竟还是一个年轻的女人，刚一见丈夫便大哭了出来。吉鸿昌轻轻地拍了拍她的肩膀，安慰道："别哭，哭解决不了问题。你哭坏了身体，我心疼，还有我们的孩子谁来照顾？我从成为共产党员的那一天起，早就做好了准备，会有这样的一天，我也不奇怪。目前情况下，我想脱身，难如登天。所以你要好好活下去，照顾好我们的孩子，把他们抚养长大。你也不要想着找人营救我，不要白费力气。"对丈夫情深义重的胡兰英似肝肠寸断，抱住丈夫不放，哽咽道："我和孩子都不能没有你，你不在了叫我们怎么活下去？"

第二天清晨，天津各报刊登出新闻"昨天国民饭店发生枪杀事件，嫌犯吉鸿昌、任应岐被捕"的消息。如此颠倒黑白的报道，让胡兰英气得差点背过气去。

转天，吉鸿昌被关进法国工部局监狱。与此同时，特务头目郑介民从北平赶到天津，一方面向法租界当局交涉引渡吉鸿昌，另一方面对吉鸿昌等人进行审讯，企图诱骗出口供，欺骗社会舆论。面对敌人的审讯逼供，吉鸿昌大义凛然地说："我抗日，是打鬼子、救中国！我做地下工作，是为中国人民求解放！我早已把生死置之度外，想用审讯吓住我，你们想错了！"

敌人对吉鸿昌的威逼利诱几番无果，只得悻悻放弃。眼见无法从吉鸿昌身上打开缺口，国民党特务又想到了对吉鸿昌夫人胡兰英下手。13日，法国工部局在英国租界警务处处长李汉元的配合下，对吉鸿昌住宅进行搜查。他们从床底下拖出一只手提篮，内藏一份反法西斯大同盟的文件。李汉元大喜，并以此作为所谓的"罪证"，把胡兰英和几位亲戚也带进了监狱。当真是无所不用其极。

当敌人推着胡兰英走进吉鸿昌的牢房时，吉鸿昌怒火中烧地喝道："无耻！有什么事都冲着我来，为难一个妇道人家干什么！一人做事一人当，我是共产党员，跟我妻子没有任何关系，赶快放了她！"吉鸿昌知道，敌人企图用妻子来威逼软化自己，让自己松口，而这个时候决不能中了敌人的诡计。所以这个时候，他没有对妻子提起任何组织上的事情，而是对她说："别难过，人总有一死，能够死得其所是我的荣幸。今后我不在了，你要好好照顾我们的孩子，让他们成长为对国家和民族有用的人。你也要照顾好自己，要坚强一些。"虽说男儿有泪不轻弹，但想起今后可能再也见不到妻子孩儿，此时此刻吉鸿昌也是眼眶微微湿润。胡兰英抽泣着说："我姐和姐夫，还有老三老四，都被他们抓进来了，说他们也是嫌疑犯。"吉鸿昌愤然道："欲加之罪，何患无辞！"旋即低声嘱咐妻子："守口如瓶，一定。切记切记。你出去以后，可以到泰山见见冯先生，虽然他未必能救得了我，但至少让他明白，路，只有一条……"

16日，国民党北平军分会与法国工部局勾结，以"通缉在案"为由，将吉鸿昌引渡到国民党五十一军陆军拘留所。五十一军军法处迅速对吉鸿昌进行了审讯。法官问："你在租界里，做共产党的地下工作，现已得到你的文件和充分的证据，你必须把工作情形供认出来。"吉鸿昌坦然地说："你们既然得到我们的文件，知道了我工作的情形，你仔细看看好了，还需要我说？"法官皱了皱眉继续问道："会议记录上有你的签名，现在要对你的笔迹。""名字是我亲笔写的，用不着对了吧？"吉鸿昌不屑地答道。"再问你！"法官说："跟你同时做地下工作的人，你要把他们的姓名、地址如实地供出来。还有，你带抗日同盟军的时候，军队里有许多共党分子，一并供出。"吉鸿昌冷笑起来："有几位朋友在我家住过，但我在国民饭店打牌，遭枪击被逮捕，他们闻讯都走了。你说我有什么本事，知道他们现在的去处？至于抗日同盟军，那里面不分共产党和国民党，只要能抗日，能打敌人的都是我们的同志，你们凭什么要我供出他们来？"法官恼羞成怒，大声吼道："再跟我扯皮，别怪我用刑了。"吉鸿昌一听，冷笑一声："怎么，说不过我，就要用刑？你们就这点本事？我抗日是为了救国，做地下工作是为了人民求解放，我随时做好了杀头的准备。我连命都不要了，还怕你这区区的刑讯？有多少手段尽管使出来吧，我一并接着。"法官只得无可奈何地留下一句："你再好好考虑一下吧。"便悻悻离去。

吉鸿昌知道，自己处在敌人的魔爪之中，几乎没有生还的可能，所以他早就视死如归。但自己是一个革命者，是一个共产党员，即使是死也要为组织，为革命事业做一些事情。镣铐可以锁住自己的手和脚，但锁不住自己的心和脑。于是，头脑灵活的吉鸿昌为了与看守打好关系，把自己手腕上戴着的金表摘下来送给看守，对他说："这位兄弟辛苦了，麻烦买些吃的回来，算是我给大家加菜。"这样一来二去，吉鸿昌与这些守卫们的关系渐渐好了起来，也能让他们帮忙买些烟来抽。一段时间以后，吉鸿昌看时机已经成熟，决定将自己因抗日被捕的消息传递出去，一方面揭露蒋介石迫害抗日爱国人士的罪行，一方面赢得社会正义力量的支持和声援。吉鸿昌用仅有的一小截铅笔头，在一个纸烟盒上写满了密密麻麻的小字，然后通过打好关系的看守转送到自己家里。

胡兰英收到纸条后，根据吉鸿昌的笔嘱，把反动当局企图暗杀抗日将领吉鸿昌，不缉拿凶手，反将吉鸿昌投进天津陆军监狱，严刑拷打等消息刊登在了英文《泰晤士报》上。这则报道对揭穿敌人的阴谋，披露吉鸿昌被捕的真相，有着重要的作用。

吉鸿昌因组织抗日救国活动再度被捕的消息披露报端以后，引起了社会上的广泛关注和反响。此时，党组织和有社会影响的知名人士，也开始了营救吉鸿昌的行动。冯玉祥先后给蒋介石、汪精卫、于右任等国民党上层人士以及国民党元老发出营救信，要求当局无条件释放吉鸿昌；吉鸿昌的同僚和旧部也开始谋划武力营救吉鸿昌。面对社会各界对吉鸿昌被捕一事的强烈反应，蒋介石有些沉不住气了，他电令何应钦将吉鸿昌秘密押解到北平。

　　几天后，吉鸿昌又被押解到了北平旃檀寺陆军监狱，蒋介石密令将他就地处决。何应钦还想借蒋介石的电报诈一诈吉鸿昌，给吉鸿昌一个"下马威"，便派人送上印有"立时处决"四个字的电报。谁知吉鸿昌只看了一眼，轻蔑地道："行啊，有本事你就来吧。"气得何应钦无言以对，无可奈何。11月23日，何应钦组织了"军法会审"，对吉鸿昌进行了最后一次的审讯。奈何吉鸿昌又再一次义正词严地打破了敌人的阴谋，把法庭变成了抗日的宣讲台。

　　1934年11月24日，是吉鸿昌将军为革命殉难的日子。上午，军法官到狱中向吉鸿昌宣布判处死刑的命令，吉鸿昌神态自若，他向监刑官索要纸笔，分别给妻子胡兰英、中山学校的负责人以及三个弟弟写了遗书，安排身后。给妻子的遗嘱是这样写的"红霞吾妻：夫今死矣，是为时代而牺牲。人终有死。我死，你也不必过伤悲，因还有儿女得你照应。家中余产，不可分给别人，留存教养子女等用。我笔嘱矣。小儿还是在天津托喻先生照料上学，以成有用之才也。家中继母已托二、三、四弟照应孝敬，你不必回家可也……"

给中山学校有关负责人的遗嘱是这样写的"欣农、仰心、遐福、慈博诸先生鉴：昌为时代而死矣。家中事及母亲，已托二、三、四弟奉养，儿女均托红霞教养不必回家，在津托喻先生照料教育。吾先父所办学校校款，欣农、遐福均悉，并先父在日已交地方正绅办理。所虑者吾死后恐吾弟等有不明之处，还要强行分产。诸君证明已有其父兄遗嘱，属吕潭地方学校教育地方贫穷子弟而设款项，皆由先父捐助，非先父兄私产也。永昌弟鉴：兄死矣，家产由先父已分清，学校款你不必过问，听之可也。有不尽之言大家商量办去，我心已乱不能再往下写。特此最后一信，祈兄等竭力帮助，生者感激，死者结草。鉴书匆匆不尽余言。"

给三个弟弟的遗嘱是："国昌、永昌、加昌等见字兄已死矣。家中事俱已分清，您嫂红霞及小儿鸿男、悌悌，由您红霞嫂教养，吾弟念手足情照应可也。唯兄所恨者，先父去世嘱托继母奉养之责，吾弟宜竭力孝敬不负父兄之托也。"

遗嘱写完，吉鸿昌在全副武装的士兵押解下，一步一步地走向刑台。39岁的吉鸿昌以地作纸，枯枝为笔，写下了一首感天动地的绝命诗：

恨不抗日死，

留作今日羞。

国破尚如此，

我何惜此头！

　　然后喝令执行官："给我搬把椅子来！我为抗日而死，死得光明正大，不能倒在地上。"他坐定以后，又喝道："我为抗日而死，一生光明磊落，不能在背后开枪！"执行官问他："那你打算怎么办？"吉鸿昌厉声说："在我面前开枪！我吉鸿昌要亲眼看着你们是怎样把我打死的！"面对着刽子手的手枪，吉鸿昌瞪起双眼，用尽全身的力气高呼："中国共产党万岁！抗日胜利万岁！"随后"砰"的一声枪响。就这样，一位富贵不能淫、威武不能屈的抗日民族英雄，没有死在日本人的枪口之下，而是死在了民族败类手中，引发了我们太多太多的历史哀痛与沉思。

　　如今，坐落在花园路的吉鸿昌烈士故居已成为天津市的文物保护单位。在吉鸿昌一百周年诞辰之际，又在故居对面的一块泰山石上树立起吉鸿昌将军跃马横刀的青铜雕像。这一切，都是后人对吉鸿昌高尚人格精神和不屈意志的缅怀。

延伸阅读

环球视察记序言

民国成立二十一年来，无岁不战，无地不战。民众固极痛苦，官兵亦多牺牲。我也曾摇旗呐喊，身经百战。除躬亲受伤多次外，我的弟弟以战死；我的胞侄以战死；我的最亲爱而可怜的袍泽，因参加战役而死伤者，亦以万数。然一问偌大高价所买何物？实仅不过"内忧外患，愈逼愈紧"八字，馈遗后死者享受。我除了无限悲伤而外，还有什么可说？

我曾服务西北各省多年，认定开发广漠富饶的西北，实中华民族解决生活问题的一条好出路。"化剑戟为农器，舍破坏而生产"，怀抱这个思想，已经不止一日。但是以学识浅薄、闻见有限的我，又怎敢开口妄谈这么大一个问题。故又常想找一机会，解甲外游，好考察人家一些殖民拓荒的历史与农工交通事业的组织，以为将来以平民资格，联络同志，开发西北的借镜。

去年秋季，蒙政府不弃，准予解除兵权，资助出游。多年的夙愿，以及积久横梗在胸中的烦闷与矛盾，均行解决。单就我个人说，不能不说是一件幸事了。

我这次环游考查的注意点：第一，是农工交通事业；第二，是各国的政治、经济、社会、教育状况；第三，是各国军备竞争的情形。我个人的学力，原极有限，故特物色数位有志青年，组织了一个考查团，以便分工视察。计先后在国内外邀请者，有平民化的前河南教育厅厅长凌君勉之，有前在甘肃热心办教育及妇女事业的内子胡兰英女士，有在东京帝国大学院研究国际政治的孟君宪章，有在美国哥伦比亚大学师范学院研究教育、前任南开学校教务长的喻君传鉴。其余各国公使、领事、使领馆职员，以及侨胞、留学生之临时的赐以指教和帮助者，更属不可胜数。我们视察以后，相互讨论，而以结论汇成是书。此外，并搜集材料多种，尚拟陆续编译付印，供献同胞。因为这全是花费我同胞的血汗钱所买来的东西，不能不有所报告啊！

临行时，曾在中央支领旅费五万元，按四元五角的汇兑率，仅换得美金一万有奇。在欧美纸醉金迷的社会，不过刚够浪子一日夜的挥霍费罢了。所幸我等一行，都是艰苦患难途中的奋斗者。在我们六阅月的长期旅途中，除非有万不得已的特别情况以外，都是居则普通旅馆或公寓（Apartment，Pension 等），行则公共车辆或二三等舟车，食则为一般留学界所常食的小杂碎馆。至于花天酒地的所在，尤裹足不敢前往。总期游一日能得一日之益，花一钱能得一钱之用。因此，虽说是漫游了十余国，环行了十万里，幸还没至床头金尽。这实在是我们自信还对得起同胞血汗的一点。

至今考察的一切情形，书内所载至详，用不着在此复述。只因以走马看花的仓卒时间，作以蠡测海的广泛纪述，错谬之处，定所不免。还望海内贤达，不吝教诲，赐函纠正，实所至幸！

吉鸿昌　一九三二，四，二〇。

一　弁言

余列身行伍，垂二十年。睹私战之祸国，痛民生之凋敝，午夜静思，难安寝寐。间尝驻防察绥关陇各地，目睹西北一带，平原广漠，宝藏富厚，劳力供给，亦殊丰廉。只以无资本，无机械，无技术人才，无苦下身段、热心经营边疆人士，致内则招饿莩载途之惨，外则启强邻觊觎之心。久已立下志愿，窃望得一机会，解甲外游，借以悉心考察欧美各国农牧林矿工商各业现况，并溯及其披荆斩棘、殖民拓荒、可以资我借镜之历史；兼拟乘机在侨胞与外人中，联络许多热心开发我国西北之资本家、技术家，以备将来得以平民资格，相与合力经营西北，以为吾国家、吾同胞另辟一广袤数千里之新天地，以稍纾东南各省因人稠地狭，致相互攘夺、相互斫杀之忧。此心耿耿，刻未释怀。此次辞职南下后，蒙政府不弃，资助外游。多年夙愿，一旦得偿，闻命之下，欣幸曷极。因急电内子鸿霞至沪，并以老友凌君勉之学优识卓，且谙英语，力邀与俱，借资研究。至服装、护照、船位等项，亦承高凌百、常小川、李广安诸君热心照拂，一切准备，迅告完竣。遂于九月十九日决定于二十三日由沪放洋。讵日帝国主义者进兵南满，攻陷沈阳之不幸消息，亦竟于同晚到达沪滨。噩耗飞来，发指眦裂，一向出国豪兴，遽行由沸点时降至冰点以下。盖以日帝国主义者如此横行无忌，已视我全中华四万万民族曾稍具有抵抗能力之猪狗不如。此正吾全国同胞下总动员令，以与彼獠作殊死战，以为我国家争人格、为我民族争生存之日，何忍去国远游，逍遥异域？况在军人，素糜国帑，揆以职责，尤难旁贷。而政府以凡百齐备，仍促前往。余遂不能不含泪登舟，以与我最亲爱最悬念之祖国暂时告别，满腔热血无处可洒，此则于方深庆幸之余，又不胜其隐痛者也。

三 过日本之见闻

神户东京途中 因船中设备之完善，同伴之众多，孤舟海上，尚无寂寞之感。二十五日晨七时，已不觉到达神户。余因中日国交恶化，雅不愿登临彼土。适接友人马君伯援由东京拍来之电，约往一谈。马君旅东十余年，号称"东京通"。余以离沪时，尚未得东省方面详报，心中颇为悬悬，兼以欲邀留东旧友李君汉三、孟君宪章一同出游，遂复决定前往。乃由神户登岸乘车，沿途经过大版、西京、名古屋、横滨各地。虽属走马观花，然亦可以稍稍窥见由日本交通之便利，产业之发达，以及国民生活之有秩序。下午八时，抵东京。马、孟二君等，均在站相候。遂驱车偕往中华青年会，探询中日外交情形。兹将谈话要点，撮述如下：

占东省为有计划行动 日本此次进占东省，原系有组织的有计划的行动。观其今春改派前陆相宇垣为朝鲜总督，派外交老手内田为满铁总裁，并通过增兵朝鲜，改满洲驻军瓜代制为久驻制等决议案，以及秋后迭次造成万宝山、朝鲜与夫所谓中村大尉诸事件，作为一种进兵之口实，可知狼子野心，蓄积已久。

满洲为炸殚，周围系毒瓦斯 此次事件，大半系由日本军阀自由行动所造成。可怜的日本内阁，不过追随军阀尾后，而为其作一种辩护士。盖日本军阀，率皆迷信武力，不明世界情势。

如南陆相其人者，朝则驰马，夕则酗酒，与我国军阀殆无以异。因日本军制，天皇兼领海陆空军大元帅之职权，陆军之参谋部，海军之海军司令部，均归天皇直接指挥，彼等军阀遇有事时，遂得径行奏明天皇，不管内阁之通过不通过，擅取自由行动，内阁亦无如彼等何也。此次东北事件，外相币原常在阁议席上与南陆相争辩。彼曾谓满洲为炸弹，纵能吞下，然至腹后，必将爆裂。又谓现在日本周围之空气，不惟甚恶，且完全是毒瓦斯。立言非不沉痛，见事非不明了。奈日军阀并不将其放在眼中。故此次事件，决非徒与其外交当局折冲坛坫所能奏效。

宇垣嗾南陆相作傀儡　日本现军阀中，足智多谋者，厥惟宇垣。彼前为民政党中心人物，最近政友会复拟捧伊为总裁。彼今夏赴朝鲜总督任后，即对东省抱有一种雄略，加以日本驻关东军本庄司令、驻朝鲜军林司令，又皆为其党羽，彼遂乘机嗾使一头脑简单之南陆相作其傀儡，而己则在暗中发踪指使，因以演成今次之不幸局面。

日侵满动机　日谋东省甚久，最近因我国内灾患频仍，无法对外；英国经济濒于危境，无暇过问远东事情；俄国五年计划尚未完成；而美国之军事力量，又为日本素所轻视者，日军阀遂视为侵略我国之绝好机会。惜我国军人不明了此种动机，预事未雨绸缪，乃或纵横捭阖，从事武力统一；或视军队为资本，侥幸经营投机事业，致铸成大错，噬脐莫及。日本军阀迷信武力，向外侵略，固属可恶，然一种为国之心，尚可为人原谅。中国军人迷信武力，对内厮杀，目的何在，殊难索解。现值大祸临头，倘仍不思合作图存，中华民族前途，将愈黯淡也。

日本民气一斑　此次事件发生后，日本国民，尤其是青年学生，晤见吾国人时，辄满口道歉，与日俄战役时路遇俄人即将击毙之民气，实不可同日而语。虽日军阀利用前在西伯利亚援助白党时所得一笔巨款，到处开设支那政情展览会，作对满洲事件之映画与演说，然究不过极少数走狗从旁摇旗呐喊，一般国民实漠不关心也。说至此，吾人深觉我国此次谢绝日本水灾赈款，实属欠妥，因此款多由日本国民甚至由许多工人挨饿一天所捐助。吾人正可借此设法联络日本国民，以共同打倒其军阀，岂可反其国民对我抱不快之感耶？谈毕，遂由马君导往其在东京市外东中野所备之宿舍寄宿。

东京一瞥　二十六日清晨，由马、孟二君冒雨导往各名胜及繁华地点参观。先至上野公园内参观动物园，规模远较我国北平旧有之万牲园为小。次览博物馆，陈列物品，尚不及我故宫博物院五十分之一，且大半系我国出品。日本过去文化，处处模仿我国，并无所谓特殊文化；维新以后，遂又唾弃我国，处处模仿欧西。说者谓日本现在文明，不过一架中国骷髅穿上一套西装，盖实情也。再次，参观国立图书馆。此馆在东方首屈一指。凡日本全国出版书籍，皆须先送该馆一部，在庚子之役以及平时所搜藏我国古籍亦多。全馆可容千余人。每当考试时期，如后至，辄待至数小时之久，方能轮得一缺席入内。女子阅览室亦尝满额。回想我国之北平国立图书馆，设备未尝不好，藏书未尝不多，且不取费，顾阅者常寥寥如晨星，即此一端而论，中国人干的精神，实远较日人为差，又何怪受人之欺侮耶？参观毕，遂游览松坂屋、三越等大商店，五光十色，鲜艳夺目，与上海之先施、永安完全相似。惟人所卖者，完全为国货；而我所卖者，大半系洋货。比较之下，不禁发生无限感慨。各商店内，卖货物、开电梯、经营附属食堂者，举皆妙龄女子。闻日本女子职业，甚为发达。上自机关、银行，下至商店、公共汽车，无不有女子参加。以视吾国北平之饭馆，每雇一女招待，辄登报鼓吹者，真不免令人有辽东豕之叹也。

余本拟对于日本之社会、经济、教育各种现状加以相当的考察，因船泊横滨，仅止一日，势所难能。兹仅将调查所得鳞爪，略述如下：

经济恐慌问题 日本近二三年，因受全世界经济大恐慌之袭击、银价之暴落及我国关税增高之影响，全国皆感受不景气痛苦。如前二三年本值一元之货物，近则因生产过剩，市场狭隘，已猛跌至三四十钱（即三四角）。因是所引起之工厂歇业，商店倒闭；因开除工人而发生全体罢工，饿死同盟，高登烟筒，不宿不食；因受经济压迫而发生神经病，先杀妻子而后自杀之事件，报不绝载。最近失业人数，已增至百万以上（日政府统计谓仅五十余万，不确），而政府全无如欧美式之失业保险办法，坐是遂与日本共产党以活动利用之机会。

人口问题　日本帝国主义表面固极繁荣，内部却非常空虚，与英帝国主义之具有广大富饶之殖民地、美帝国主义之具有无限的农林矿富源不同。日本人口生殖率，比世界任何一国为高。近二十年来，每年增加人口均近百万，然日本移民成绩，却不见佳。如经营台湾已四十年，仅移出人民约三十万。经营满洲、朝鲜已三十年，仅各移出二十万，且在满之二十万日侨，仅满铁职员工人，已占去三万余人，其余均集住在大连与满铁附属地。至于美、澳等洲，近均标榜排斥有色人种，更非日本消纳大批过剩人口之所。此实日本当局最头痛之问题。

青年思想左倾问题　日本教育之普及与发达，本可钦佩，惟结果却开展出一种危机，即大、中学生，因毕业后无业可就，思想常偏向于左倾。今春东京一处大学毕业生约有千人，然能寻得职业者，尚不及百人，且薪水尚不过七八十元。因此，一般学生鉴于国家之政治权，全为少数之皇族、贵族与军阀所把持，经济权全由极少数大资本家如三菱、三井、住友、安田等所操纵，本身出路实属黯淡，常乐于介绍左倾思想。我国国内现所翻译之社会主义各书籍，即大半自日本转译而来也。日本共产党乘此机会，近来亦极力在各学校活动，除由组织极严密之警察迭次破获外，其教育当局并苦心想出种种方法，以冀弭祸于无形。即：（一）在各学校中设立学生思想指导委员会；（二）拟在全国中小学以上各校，皆安设一能与文部省直接通消息之长途电话；（三）悬赏征求能创出驳倒马克思主义之新学说；（四）

于征兵时与新兵个别谈话，倘发现其思想带有左倾色彩，宁免除其兵役，亦不使其混入营中，致与以向兵士宣传之机会。其手慌脚乱情形，可见一斑，此次东北事变发生，日本军阀常诳言日本国民如何一致对外，实则适得其反。如事件发生之翌日，日本共产党即张贴"变外战为内战"之标语；日本无产各党亦散发非战主义与劝日本国民不应兵役之传单。其他各属地中，如台湾、朝鲜等地，酝酿独立，亦甚积极。日本之忧，实已近在萧墙以内。

观上所述，可见日帝国主义之命运，殆已与大战以前之俄罗斯相似。乃彼不念同文同种之谊，举共存共荣之实，采取和平互利政策，竭力以资本、机械、人才，援助开发吾国之无限富源，直接增进吾国之福利，间接即所以缓和日本之革命，顾利令智昏，饮鸩止渴，日本当局真可谓近视眼矣。

倭奴现并不矮　我国自古即呼日人为倭奴。倭奴即系矮子之意。其实近代之日本人，身材并不见矮。证以沿途所亲见，雄壮魁武者比比皆是；而少年女子，通常较我国女子犹高。此种现象，初见时颇以为奇。后询之友人，始知吾人所称之倭奴，系指前代日本人而言。近代之日本人，因政府极力提倡运动之结果，身材已逐渐长大。据日本文部省所发表之统计，最近二十年中，日本中等男学生已平均增高二吋七；中等女学生已平均增高二吋三。现时所见之近代日本人，其身材已丝毫不亚于我国人矣。查日本政府，对于提倡运动，不遗余力。此次在

126

东京所见，街头巷尾，几均成为野球场。且运动者不仅限于学生，工厂职工、商店学徒其对运动嗜好之热烈，尤驾学生之上。故日本国民之对于运动为普遍的而非职业的，用是得于无形之中，收改良人种之效。返观吾国，运动几成为学生之专有物，而为课外余兴之一种，结果不但不能收提倡运动之效，反使一般群众对于运动怀疑。十年以前，日本运动之成绩尚不如中国，近则游泳一项，已居世界首位；陆上运动，去年有两项打破世界纪录。我国相形之下，真不啻有龟兔同行之感。吾人过去呼日人为倭奴，数十年后吾恐日人将呼我等为倭奴矣。

......

六　由维多利亚抵西雅图

与典联社记者之谈话　余等由维多利亚返舟后，即有美国联合通信社记者候访。盖轮船预有电报告旅客姓名也。该记者问："吉将军此次驾临敝邦，负有何种使命？"余答："余久经军旅，精神疲惫。此次解甲出游，暂时休息，借领略贵国物质文明，以广见闻。私人出游，并未负何使命。"问："贵国政局如何？"答："敝国有一成语，'兄弟阋于墙，外御其侮。'现在大难当头，全中华民族皆觉悟惟有联合，方能图存。私人政见，皆可捐弃。统一不久必可实现。"问："将军对日本进兵占领满洲，意见如何？""日本自明治维新以来，即抱一大陆政策，鲸吞满洲，早具野心。今乘敝国苦于天灾人祸、世界苦于经济凋敝之秋，实行强占，直接侵略中国领土，间接即破坏世界和平。敝国民众愤激已达极点，皆抱有一宁为玉碎、不为瓦全之决心。所以暂时隐忍者，实因敝国政府与人民，尊重国联地位与由美国发起之九国公约与开洛格非战公约，希望得一公正和平解决。若国联放弃职权，美国隔岸观火，则敝国人民只有牺牲一切，为生存而战，为公理而战。敝国有形之军器，虽不如日本，然无形之军器，即所谓民气与士气者，却胜日本百倍。观于美国十三州之战胜强英，土耳其之驱逐希军，即知余非故作壮语也。问："吉将军将游敝邦何处？并注意何种事业？"答："余向主移民殖边。

128

敝国东北、西北，沃野千里，荒废无人耕种。余服务西北甚久，情形略熟，曾数次条陈实行西北屯垦计划。此次出国，特注重农工交通事业，为将来联合同志，集资开发西北借镜。贵国中部以农著，东部以工著，因计划将多用时间于中、东两部。"谈毕告别，船旋启碇，向西雅图开行。

抵西雅图　由维多利亚至西雅图，水程约四小时许。两旁群岛罗列，森林茂密，风景佳丽，俨如图画。六日下午五时，舟抵目的地。登岸后，即有驻西领馆秘书熊君崇德及苏牧师佩球在岸迎候。因余等离东京时，留日中华青年会张君清鉴，即来电介绍也。

在余等此次长途航程中，曾发生无限杂感。兹随录数则如下：

粤杂役之前倨后恭　西人薪资甚贵，中国劳力低廉，因此由中国航行东西各洋之商船，多雇广东人为杂役。盖同一职务，用西人至少须五十元美金，用中国人仅国币二十元左右（约合美金五六元）即足也。粤人之任斯职者，不惟不以为耻，反傲然轩然，如获无上美缺（的确，除薪金外，尚有多倍于薪金之赏钱）。其趋候外人，固惟勤谨慎，而对于同跑，却自高身份。就之言，辄似闻非闻，带诺不诺，一若次殖民地之中国人，曾不若奔走于洋大人门面之仆役之高贵然。然船到后，与以多金茶酒钱，又受宠若惊，喜不自胜。国人持是种心理，以与外人竞争于此世界商战之大舞台上，又焉往而不失败耶？

美禁酒如华禁烟　余在国内时，常闻美国禁酒甚厉，以为美国人真能知酒之为害也。不意由沪开船之当日，即有同船美客，悄然入余等室，问有酒否？愧无以应。及由东京登船时，承友人馈酒数尊，遂延伊来饮，则如长鲸吞川，乐不可支。后抵西雅图时，海关检查员见某俄妇箱中藏有惠斯克数瓶，急取而纳诸杯中，方知美人禁酒，等于吾人禁烟，可笑也已。（美国人对于酒之态度，分为干湿两派。干派主张禁止，尤以妇女为甚。盖妇女少有喜其丈夫或情人之酗酒者。共和党即利用此种心理，提出禁酒口号，以取悦于有选举权之女子。）

入口检查之松弛　在国内时，常闻美国对黄人入口，检查极其烦琐。然余等同伴华人六名（皆一、二等舱）经过防疫处时，并未见举行任何检查，登岸时亦未加如何盘问。或云，对三等舱特别检查，因恐系劳工。或云，对日本船特别加严，对英美船则反是。或云，西雅图从前对华人感情恶劣，如不与华人剃头，不肯将房屋租与华人等，致引起华人恶感。近为缓和华人感情起见，已特加矫正矣。

七 朝气蓬勃之西雅图

美国西北新起重镇 西雅图面港背山，形势雄丽，现有人口四十余万，实为美国西北重镇。共有工厂一千二百。其入口商品，居全国第三位。至每年由埠登岸外人数目，仅次于纽约。然其由一小市镇一跃而为一大都市，亦不过最近三四十年事耳。余等登岸后，即下榻华盛顿旅馆中，因沿途风波劳顿，稍行食憩，即行就寝。

名誉领事制 七日，往访我国领事阮洽君。阮君粤籍，来西已三十余年。彼时西埠人口仅四万余，荆棘尚未尽辟也。因惨淡经营之结果，今已积金百余万，有房屋旅馆数处，并在阿拉斯加有一大渔场（闻系捕水獭者）。自有清末年任职名誉领事以来，迄今已赓续二十三年。名誉领事者，即国家无力在华侨集居处派遣领事，特择该地华侨或外人中之有声望、有资产者，畀以领事名义，使办理当地侨务，一切开支，即由该领事自行担任，以当地华侨任侨务，在一方则节省经费，在另一方则人地相宜，自无可说。惟以一语言、情感不相同之外国人充任中国领事（欧洲各国颇多），实属奇闻奇事，恐只有我穷而无聊之中华民国，方有此妙想天开之办法也。

西雅图揽胜 八日，阮领事驱车来，邀游市厢各处。则见危楼高耸，道路整洁，花木掩映，气象万千，诚新大陆后起之秀者矣。美国历史甚短，决难与他国竞古，然因资本雄厚之故，乃到处均建筑有数十层之高楼矗立云霄，普通名之曰 Building 者，以之夸耀于世界。西雅图建筑中最高者曰 Smith Tower，高四十二层，登临一望，山港城市，历历如数家珍，虽未能目空千里，亦足使心游八荒。是日适逢美国两飞行家因空中给油不着陆横飞太平洋成功，得日本五万元奖金，新由东京归来。全市市民前呼后拥，争相握手，欢呼之声，有如雷动。外人崇拜科学家之热狂，于此可见，与我国之徒知欢迎大人先生者，迥不相侔矣。下午，至华盛顿运河观闸。因河身陡峻，特筑闸三道蓄水，以便船之上下，与巴拿马运河闸相似，不过具体而微耳。

养成善良公民之各种设备 是日，使余最受感触者，即养成善良公民之公共机关甚多是也。（一）公园。全市大小公园，难以数计。花草亭台，布置井然。人民暇时，随时皆可享用，与我国有时间限制，有金钱规定，名公而实不公之公园，真不可同日而语。至附郭居住区内，住宅四旁，绿草如茵，道路两侧，浓荫低垂，亦不啻一天然公园也。（二）图书馆。市立图书馆甚多，每人每次可借书四五本，并无质金或保证人之规定，然亦无不还者。（三）特殊文化机关，如博物院、美术馆、水族馆、动物园之属。或全不收费，或规定在一星期中某数日不收费，使一般平民皆有享用机会。美国对教育公民之设备，既如此完备，再加以教育之发达（各州均大约规定，以中学为国民义务教育），公开讲演之盛行，无线电播音机之普遍使用（据最近统计，全国有一千二百零七万八千三百四十六家，或百分之四十点三家庭中——每家平均有四点三人——有 Radio。每日上午八时至下午十二时，均可收听音乐或讲演之类），又何怪美国市民，无论在德体智育各方面，均有相当之发展耶？

美国航空事业　九日，由海军上尉康格尔（Conger）之介绍，往晤西雅图海军司令康迫尔（Campe Ⅱ）君。谈毕，参观其军舰及造船厂，寻蒙招待午餐。饭毕，复参观其储藏库。陈列军器机件，难以胜数。因均系按科学方法排列，如有需要，不难按图索骥也。毕，赴商用飞机场，乘一水上飞机，绕行全市一周，每人仅花费美金二元耳。美国航空事业现甚发达，各航空公司每日对于飞机机械，必须拆卸检查一次，而飞机师又皆专家，故遭险甚少；且乘飞机之费，较之火车亦不过价昂十分之二三，以故乘者甚多。各大城市中，皆有游览飞机至联络各城市间之定期飞机，现已形成一飞机网矣。吾国人常轻视美国，以为仅有多财耳，学术不足道也，然仅就飞行一事而言，现在全世界最大之飞船，为美国阿克伦号（Akrcon）以最短日期（八日余）绕飞全球一周之记录，亦属美国一飞行家盖雷（Gally）与波斯特（Post）保持之。我东亚病夫，其速觉醒乎！

华侨所营商业种类　十日，为我国之双十节。留西侨胞，特在中国城（China Town，即华侨集居各街市之总称，或称唐人街）中之中华会馆开会庆祝，并请余讲演满洲事件。余因为述：（一）日本谋我之急；（二）国联欺骗弱小民族；（三）我国有合作图存之必要。毕，即在中国城一带游览。华侨之在美者，多营杂碎馆（Chop Suey，即粤语"杂碎"二字之译音）。李鸿章在美时，常食一种杂碎汤，味甚可口。美人嗜之，常至中国餐馆食此汤，习俗因即以"杂碎"二字为中餐馆之通称。至英语呼中国所用名箸为 Chopsticks 者，意即谓吃杂碎汤所用之棍也。其规模常比美人经营餐馆为大，大半带有跳舞厅，食品亦多美化（如中国西餐之华化然），盖投合美人之嗜好也。在芝加哥有一中国餐馆，资本为美金五十万，每周所支音乐师工资，达一千美金，规模亦云宏大矣。次为洗衣业（因此，美人见中国留学生，辄问君家业洗衣否？）。再次为古物贩卖及桐油、毡毯、茶叶等业，向占势力，近已多为美日两国所夺。至杂货各业，大率皆供侨胞自用，并不能视为对外商业。日人在美者共二十万，大部在加州务农，至从事商业者，远较华侨为少。然其在美商业势力，却远超过我国，其所以致此之原因，一半固由于我侨胞组织之涣散，教育之欠缺，另一半则由于祖国无充分保护之力也。因此，海外侨胞希望祖国强盛之心，常较国内为切。每遇事变，踊跃输将。即就此次水灾捐款而言，西雅图一埠不过有侨胞千五百人耳，然共捐港币万五千余元，热心诚可钦佩矣。

美国人球热　十一日，为华盛顿与奥乃冈（Oregon）两大学赛球之期，票价每张二元五角。西埠黄皮车（Taxi）平昔本甚充斥，是日竟为空巷，赖逆旅主人四出张罗，始得前往一饱眼福。闻华盛顿大学校长年薪仅万数千金，而该校学生会所聘之踢球指导员，年俸之多，竟达二万。盖美人颇重体育，对于踢球，尤具狂热，每逢赛球时，辄不远千里，耗费多金，前往一观。即就此次言，观球人数多达五万，有不惮跋涉，自斯波肯来者。故每赛球一次，收入辄不下十万金。华盛顿大学学生会且在西埠最繁盛街市，专设有一售票机关焉。我国每逢赛球时，数虽不盈千，却如鼎沸海腾，至赛球人员，双方互嫉，不亚仇敌，每用卑劣行为以博一胜，而殴打裁判员之事，尤属数见不鲜。是日，观众万头攒动，有如蚁群，秩序却非常井然。与赛人员胜而不骄，败而不馁，一惟法则及裁判员之命是从。《论语》所谓"其争也君子"，殆近欤？

由美西至美东路径 十二日，参观博物馆。庋藏丰富，印第安人古物用具模型之属，陈列尤多。下午，赴阮领事宴。晚九时半，孟君宪章由东京来。孟君原在东京帝国大学大学院研究国际政治。沈变起后，留日学生群倡返国之议。余等因邀孟君一同外游，约定在西雅图晤面。到后，遂商榷东行路线。由美国西部至东部，有横断铁路数道。由西雅图起点者，有北经冰河公园、南经黄石公园二路。其他尚有由旧金山起点与由罗山格尔（Los Angeles）起点二路。余等在国内未启程时，本拟取道南路或经由巴拿马运河，先至古巴晤凌公使济东兄，再返美国。至是以此路太曲折，且余等目的本注重在将来集资开发西北，而美国西北部又恰与我国西北情形相似，遂决定乘大北铁路公司车，取道冰河公园，前往芝加哥。

塔科马全美第一大木厂　十三日晨，中国俱乐部主席刘琦君派该会秘书美人某君驱车来，邀往塔科马市（Tacoma），参观圣保罗塔科马木厂（St. Paul & Tacoma Lumber Co.）。由西埠至塔埠四十哩，公路皆用沥青油筑成，平滑径直，往来汽车，络绎如织。全国重要国道，大率如此。诗云："周道如砥，其直如矢"，庶几可形容之。据最近调查，全球共有汽车三千五百万辆，其中美国独占二千六百万，即美国平均每四人有车一辆。故一般平民皆能享道路坦荡之福利，与我国之汽车路专供阔人享用，为"君子所履，小人所视"者，却不可同日语矣。车行未一小时，即达塔市。全市依山建筑，人口有十二万，素称为"美国木材之首都"。圣保罗塔科马木厂，即为美国境内惟一大木厂也。到该厂后，即承招待谈话。据云，该厂创始人为南北战役时一军官格里格斯（Griggs）。格氏为圣保罗人，曾游历美国西海岸，见丛林茂密，皆是数百年古木，知将来开辟美国西南部时，定为一利市百倍生涯，遂在距塔市约三十哩之山中，购林五万五千英亩，并在塔市设厂，从事采伐。会不久，西南部移民渐众，需木日多，营业遂臻发达。该厂已开设三十余年，所余森林仍敷三十五年之用。俟旧林场伐竣时，新林又可供斧斤矣。谈毕，先参观其锯木厂。木材由山中伐出后。由该厂自筑铁道运入厂旁渍池中，俟浸润至相当程度时，即由转运机送至机上。直径数尺之木干，顷刻之间，分解为各种之木材矣（该厂曾锯一直径十四呎之巨木）。次观其船坞，适有一日本轮装运木料。

该厂材木，每千立方呎仅售金十三元耳，故除美国外，东至欧、非两洲，西至我国、日本，皆有其市场焉。回想我国东北、西南各省，古木蔽山，不能采伐，反自数万里外购求材木，深可慨已。该厂占面积二百英亩（每英亩约合我国六亩半），原有工人千二百五十人。每日每人作工八时，分为二班工作。每日最大量，可出木材一百四十万万立方呎。近两年来，因受世界经济凋敝影响，大受打击，全厂共有锯木厂四，已停其二，且每日已减工至六小时，现在积存木材约六千万立方呎云。十二时，返西埠。晚七时，在江南楼宴阮领事及刘琦、苏佩球诸君，答招待盛意也。

华盛顿大学　十四日晨，由华盛顿大学学生孙君方时时领导，参观华盛顿大学。该校共有楼四十余座，为华盛顿州州立。除一般科部外，并设有海、陆军科，实为美西后起各校之秀。现有学生八千人，男女约略相等，我国学生有三十人。盖美西生活程度远较东部为低，每月约五十金即足，故近来留学此间者渐多也。美国各大学学生会，势力最大，权力皆操在旧生手中。以故学校当局对旧生常取极端放任主义，而对新生则极严。凡新生之携带女友践踏草地者，辄受处分。闻前年冬，曾有一中国新生犯过，被浸入校内冷池中，几至冻毙。以美国对教育素重研究之国家，而有此种野蛮行为，殊可怪已。

两种简单餐馆　十二时，承孙君延至一种餐馆，普通称为Cafeteria者午餐，各种食品均明标价格，由食者持盘自由选取，按价付款。馆中食客甚多（多属学生），而司役者仅二人。又，在美东各城中，另有一种自动餐馆，名为 Automat 者，对菜类则置于一笼有玻璃罩、上分数格之自动旋转机上，将相当之价值投入，即可取得食品一份。对饮料，则盛于一机器筒内，投钱若干，即恰流出一杯，并无人在旁管理。此在一方可提倡劳动，一方可减低生产价格。我国各大埠，亦可仿效也。

十一 全美第二大市芝加哥

由双市至芝加哥十月二十日晨九时半，由双市乘伯林顿线火车，东往芝加哥。由双市至萨凡拉千余里间，皆沿密西西比河东岸行，两旁农林茂密（并无如西方之大树），青黄红褐各色，交互错综，深秋景色，倍觉可人。河身除与某湖混流时，有约十里之宽度外，余仍不过宽二十丈许。两岸之高，不过两尺。岸上即属路轨，横河多设闸。除少数渔舟外，并未见有船只行驶。盖美国陆地交通，颇为便利，货物输送，全恃车辆，固无需乎舟楫也。晚七时四十分，抵芝加哥联合车站，遂赴哈利生旅馆下榻。

当地侨胞状况　二十一日上午，访我国驻芝总领事叶可梁（肖鹤）、副领事汪清沧（运浦）两君。寻往中国城参观中华青年会及《工商日报》（中立报。另有一《三民晨报》，系国民党支部办）。报馆主笔司徒灿君，毕业于北京大学，能北方语，因与谈论。据云，此地侨胞约七八千人，惟派别甚多，意见难期一致。有以地域作基础所形成之团体，如台山县属之各区皆分设有一会馆是。有以姓氏为基础所形成之团体，如陈姓则称颖川堂，梁姓则称忠孝堂。或本桃园结义之义，合刘、关、张为一团体。或取同属言旁之义，合许、计、谭等姓为一团体。各团体中偶有争执，常起械斗，虽美政府及驻美外交官，亦无如何，惟此风近两年来已渐衰歇。司徒君又告以晚间勿轻至中国城，因：（一）芝加哥素为美国黑暗势力根据地，劫掠之事，时有所闻；（二）意大利人为各国侨民中最不良者（每年被市政府驱逐出境甚多），彼等多营窃盗生活。最近因有一华侨在意大利餐馆饮酒詈人，致引起双方械斗、杀死华人一名事件。此交涉尚未了结也。

每年屠兽千七百万之大屠宰场　二十二日晨，赴士威福特（Swift）屠宰场参观。该场系一八六一年时士威福特氏所创办，故名。现除本场外，其他各地尚有支场八处，合计占地二百五十英亩，投资人数达四万八千人，雇用职员工人达五万五千人。其每年出产总量，平均约牛三百万头，猪八百万头，羊五百万头，犊牛一百万头。换言之，即每日可屠家畜五万七千以上，每分钟可屠一百二十头也。该场共有冰车七千辆，以供运输肉类至各市之用，与亚摩尔（Armour）屠宰场，皆全世界之最大规模者也。该场屠宰之法，并非如一般人所想象系使用机器，乃将牛、羊、豕等倒悬钩上，由一人专司宰杀，然后由电流转运机送至各处，以次剥解洗切。不过对牛须先将其牢于木车内，以铁椎击其脑，使之晕倒，尤为惨酷耳。屠宰场内，血流成河，腥不可闻。司役者多为黑人，吾因是有感焉。以力而论，牛远胜于人也，只以知识不如人，团结力不如人，遂致无抵抗受人宰割若是。吾中华民族如再不讲求科学，不力图团结，其终能免于他族之——宰割乎？噫！

140

美术馆 下午，偕领馆张君参观美术博物馆。规模颇为宏大，内藏我国与日本之图画、刺绣、古玩、雕刻甚多。欧洲古代塑像及大建筑物门楼，雄伟典雅，尤足使人流连不忍去焉。

商品交易所 二十三日上午，参观商品交易所。第见约二百人，分作三团，口呼指画，互竞价格。所内设电报局，直接与世界各市场通消息。各种股票、谷物、金银等市价，每隔一刻钟，即在木板上揭载一次。闻前当美国麦贵时，苏俄曾在此囤并小麦五百万布舍尔，致美国与加拿大之麦市场顿为跌落，因芝加哥实为北美中西两部贸易之枢也。嗣登该所四十四层楼上瞭望台一览，全城景物，毕现眼帘，市内第二高建筑也。

安良工商会与中华会馆 晚，到寰球饭店，赴中华会馆公宴。由甄主席泽华及马君存亚、叶君孟寅等二十余人招待。有一美国女子购香蕉糖数枚掷赠余等。叶领事戏谓之曰："美女献糖，亦韵事也。"餐毕，参观安良工商会。该会建筑，伟大精美，中供有关帝、土地、观音等像，并附设有小学一所，美人前来参观者甚多。闻最初旧金山组织有一协盛会，凭其势力，欺压中西部华侨。芝城一部华侨取除暴安良之意，亦组织一安良工商会以资对抗。现在此会权力，实在当地领馆之上。次，参观维立商店。店中陈列全系中国货物，实为芝城第一大中国商店。最后，乃赴中华会馆讲演。由余先讲西北富饶情形，劝各侨胞回国开发西北；次由凌君勉之报告国内政局，孟君宪章报告日本近况，均由金君代为粤译。是晚，与会侨胞甚多，室为之塞，鹄立数小时，毫无倦容。嗣又由各侨胞提出种种关于西北问题，由余答复。盖各侨胞因在美发展，业遇阻力，现仅芝城一处，失业者已达五百人。其他仅有工作而无钱赚者，数亦不少。故已将注意力转向国内也。

菲尔德博物馆　二十四日晨，参观菲尔德（Field）博物馆。菲尔德原为一武人，富有资产，在芝城开设有一百货商店名 Marshal Field，实为全球第一大商店，高十四层，占面积一全 Block（即四面皆马路），规模大于先施公司约十倍。此博物馆房屋及一部陈列品，即由菲尔德所捐施，余则由其他私人征集捐赠。美人有珍玩等物，常乐公之于众，与我国人之偶有名字画、书籍、珍宝等物，收藏惟恐不秘，甚至化公为私者，迥不同矣。博物馆中陈列，类别繁多，不胜枚举，走马看花，亦非数小时不办。其最珍贵者，为考古学一部分。如离丈余之恐龙骨骼，高丈余之鸟类标本，长七八寸之兽类臼齿，以及各种大片动植物化石等，多属稀世之珍。至关于我国部分，有旧剧所用之各种面具、蟒袍、皮影戏、书画扇面，各地名塔模形、西藏人模形，及喇嘛所用之文书等。国内博物馆尚无注意搜集此项物件者。

美富豪多热心作公益慈善事业　如菲尔德大规模之博物馆，全美共有四所。除芝加哥外，余在纽约、华盛顿、波士顿三处。闻在波士顿者，对我国之名画划分若干时代，作一有系统之排列。我国国内各公共藏画机关，尚无如此之完善也。美国富豪多热心作公益及慈善事业，如钢铁大王 Andrew Carnegie，在国内各大城市皆建有图书馆；煤油大王 Rockefeller 则热心医药事业；汽车大王 Ford 则热心劳工福利。其他如美国最著名之大学，如哥伦比亚、耶鲁、哈佛等，皆系私人捐资创办。菲尔德博物院，尤其小焉者尔。

芝加哥两大学　十一时，赴叶领事宴。毕，由华侨梅君开车导至芝城北二小市及西北大学游观。此二小市已与芝城合而为一，林木苍蔚，清幽异常，芝城富豪，多卜居焉。芝加哥有著名大学二：（一）芝加哥大学。大部分基金系由煤油大王捐助。美国各大学现除哥伦比亚与哈佛外，当推此校。有学生万余人，我国学生有五十七人。（二）西北大学。亦系私立，有我国学生二十一人。今年曾迭起校潮，前一次因学校当局通告改用新教本，而学生为节省经济起见，坚决主张仍用旧者。最近一次，则因男生主张留须，女生反对，致生风潮，亦趣事也。下午六时，赴汪副领事宅茶宴。七时，赴侨胞邝君国华及翁君培忠宴。邝君刻正在芝埠筹备创设侨胞航空救国学校，翁君则已积多金，拟回国开采油矿云。

美国之黑暗总统　二十五日，赴南水色洛市，参观两飞机制造厂。南水色洛市者，美国黑暗大王加邦（Capone）乡里也。美国各处流氓全在其掌握，每年仅包庇私酒一项，计可得款二百万金，故美人有言曰："美国有二总统，昼间世界，胡佛治之；夜间世界，加邦治之。"芝加哥前市长汤穆生者，亦一流氓流亚也。彼与加邦狼狈为奸，每当改选市长时，加邦则为其出力运动，各电影公司则为汤穆生摄制影片，各广播无线电台则为汤穆生传播讲演。其他对男子则有专处招待雪茄、咖啡，对女子则有专处招待糖果，其上则皆印有汤穆生之赫赫名字也。及选举日，且有人立于十字街头，劝说不注意选举之市民投汤之票。以是汤得连任十三次，加邦亦因托其庇护，横行无忌。各大报多被收买，即有持攻击者，亦无如彼等何。一般良善市民无法，只得用消极不捐款不应公债之法以抵抗之，致芝加哥市财政陷于穷途。近则德籍犹太人继任市长，已将加邦捕获，判处徒刑。美国社会固亦多黑暗之处，然尚有法律以与黑暗势力奋斗，殊可钦佩也。

比赛家畜之乡会 下午二时，参观一乡会（Country Fair）。该会年举行一次，共期十天，以比赛该一乡内各种家畜。是日比赛之猪，有重一千零三十五磅者，乳牛之价，多在千元美金以上。（美国乳牛每日至少须出乳六十磅，否则即被宰杀。Kansas 城有一华侨何姓者，善饲牛，每次美国全国比赛，辄得头奖。其所饲之牛，最多者每日可出乳百三十磅。留学生之困难者，至则周济之，惟须为其看牛耳。）赛马时，与赛人员，女子约占三分之一。妇女尚武精神有足多者，至马之疾徐进止，一惟号令是听，尤足征训练有素焉。

水族馆 四时，参观水族馆。全馆共有五十水柜，陈列多属鱼类，形色奇异，见所未见。有扁平如纸者，有细长如线者，有绿色紫色，或黄褐相间者。惟除长五六尺之海牛与鱼类，与直径约二尺之鼋类外，无甚大者。另有一小部房屋，系仿中国式建筑，内中陈列者，多属金鱼（原系由我国传入）与极微小鱼类。五时，赴林肯公园。面积广大，临米其干湖，以庞大动物园著称。

每日开支百万金之国际农具公司　二十六日上午，由领馆王君行恭介绍，参观国际农具公司（International Harvester Co.）。此为全世界第一大农具制造厂，除制造农具外，尚制造与农事有关各机器，到后由工程师波叶（Boyer）引导参观。据云，芝加哥本厂有职工四千余人，机器值二千余万美金。其他在世界各地（在哈尔滨有修理所一处，在俄国原有分厂一处，近被没收）尚有分厂二十七，合计每日开支约值百万金。用以拖载机器之火犁头（Tractor），每三分钟可出一具。近两年来，因受经济凋敝影响与不售货苏俄原因（因苏俄曾用信用制买货一批，言明三次将款付清，后仅付二次），积货已值美金六万万，故现在每星期仅作工三日也。在该厂内，用有一重数万斤之磁石起重机，重约数吨之铁条，稍与接近，便被吸起。

旧农具与最新机器之工作率为一比百　次往该厂陈列所，参观各种农具。最完备之播种机器，可以将耕土、碎土、播种三事，一次作完。最完美之收获机器，则在同时内能且割且打，且将谷草用机捆载，送入于旁边之货车。此外并陈列有百年以前所用农具，又作有一比较表，证明用旧式农具生产与用最完备机器生产，其工作效率，约为一与一百之比。

八十工人年产十二万金表　十二时，由波叶氏延至该所餐堂午餐。职员、工人，共坐一堂，甚融和也。据云，彼曾在俄、德、法、瑞等国服务农界甚久，明年六十岁告老后，愿往中国一游，倘余能开发西北，彼愿前往相助。余因叩以开发西北意见。彼云，该公司刻经营有地六千英亩，每年每亩可收麦四十布舍尔（每布舍尔约合我国三斗半），假定每布舍尔麦值美金五角，则可售十二万元，然所用工人不过八十耳。如在中国经营面积与此相同之一片土地，只用三千余金购四种简单机器即足，余可用贱价之牛马代替也。

农业电影与幻灯　下午，复往该公司办事处，参观农业影片。因该公司为推广营业计，特摄制种种农业影片（每盘售金六十五元）及玻璃片幻灯（每张售五分）发售，并分派人到各处演映。见其农厂之广，择种之精工作效率之大（如用伐林机伐林，机器所至，树木应声而倒，其作用恰如坦克车。又如最大耕地机器，宽达二丈余，每次约可犁五十沟），殊足使人咋舌。

夫妻二人耕十顷地　二十七日晨，由波叶氏开车来，邀余及孟、王诸君赴市外一农家参观。该农家系德人，来此已三世，夫妻二人共种地百六十英亩（每英亩约合中国六亩半），并养牛二十四头、马四头、鸡、豕各若干。问其饲牛草料，云玉蜀黍秆为上品，饲豕则用玉蜀豕穗，饲鸡则用牛奶、面包。该农家有楼房一座，家中设备有自来水（用机器井作水源）、电灯、播音机，有汽车二辆、载重汽车一辆，有小规模修械室。另有

146

平房数栋，所以贮谷物、草料并栖家畜。闻波叶氏云，此农夫家产值十余万美金（约合吾国五十万元）。然以视彼及其小孩服装之褴褛，固与我国农民无异也。

乡村小学及公仓　午饭后，参观一乡村小学。有大体育间一，筑有木台，以供讲演及演电影之用。家中所设热汽管装置上，安设有寒暑表，以便调节温度，使与人体温相等者。问校舍建筑费若干？据云，系村人自行监工修筑，故甚廉，若以委诸官府，当多耗款三分之一也。次，参观一公仓。附近农民所收谷物，多登记混合贮藏此仓内。仓内设有一种简单机器，能使谷物上下轮流，借以透风。仓外修有铁轨，以便运输出口。毕，返芝加哥。归途，见德文学校一所，闻系教附近德籍农民者。

《芝加哥日报》参观记　晚七时，偕王君参观《芝加哥日报》。芝城有大报二，一名 Tribune，每日销八十余万份。该报所用之纸，系自有纸厂所制造；而造纸木料，又系自有森林所出。若是者，名为直线的托辣斯。该报本市各区访员通讯办法，系将稿放于一铁筒内。该筒甚长，直接与报馆相通。机括一按，即行转入报社矣。（美国各大市电报本局与分局传送电报，亦用此法。）二即《芝加哥日报》，规模小于前者。该报社为二十六层之高楼，基址系向铁路公司所租之空权（Air Right）。盖楼下全系路轨，不过租用其领空，支架许多铁柱，以资撑持耳（市内最大之百货商场亦建于空中）。该报排字，系利用构造繁复之打字机，迅速程度与普通洋文打字机完全相同。其法，打字工人只按稿打字，同时即有与报栏宽度相同刻有阳文之铅条陆续跃出，汇集排列后，先制纸版，次铸为若干相同之铅版，然后由鳞次栉比之多数卷筒机分途印刷。据云，用此法排字，所用工人仅当旧时八分之一，若以与我国排字分字法相较，其速度总在二三十倍以上也。又，报纸用卷筒机印就后，自行折叠，每足五十份时，即有一份倾斜，旁立工人乃将其加以整理，放于一捆缚机上，由机器自动将其捆为一束，于是由电气运转机上送入载重车内运至各处。机器之应用，实达于神妙之境矣。嗣赴该报最高层楼上，参观广播音机室。

友华会 余等至《芝加哥日报》参观，系由该报广告部主任德诺氏引导。德氏年近六旬，颇康健，虽未至中国，然却能操中国语，读中国书，喜交中国学生，有困难者，辄借贷之。彼甚崇拜东方文化，家藏有汉籍三百五十卷，且有吴佩孚画竹。房屋陈设，一如我国家庭。赠余地理杂志一卷，中有一文，系述由北平至宁夏定远营沿途情形者，并盖有水晶刻"德诺"二字名章。参观毕，邀余等至福州楼晚餐，并至旅馆索相片一幅。余题云："海外逢知己，天涯若比邻。"彼云："有朋自远方来，不亦乐乎？"堪称韵事。彼又谓，在芝美人组织有一友华会，如早知余来，定当开会欢迎。又谓，一二年内，当经由宁夏、兰州、西宁、成都、云南路线，绕我国西陲一周。六十老人作此豪语，增吾兴奋不少。

学术商品化 晚九时，赴美术院。听张君仲述讲演满洲问题。张君为张伯苓先生弟，现在芝加哥大学主讲东方哲学。此次讲演满洲问题共五次，每人售票洋一元五角，然听众仍甚踊跃，尤多老人、妇女，此足征美国一般社会研究学术之兴趣与其对东方问题之注意也。然在另一面，亦可将美国学术商品化之情形十足看出。所谓学术商品学术化者，即某一文化机关，用相当金额请名人讲演，而酌向听讲者征收入门券。至讲演者之车、食等费，则概归本人自行付与。每次之讲演费，由数十元至四五百元不等，完全视讲演者之声望为标准。据谓，如普通一明星或剧员出席一次，尚获多金。倘讲演而不索酬或索酬甚低者，实不啻自贬其声价云。

人种庞杂之城市 美国为一人种复杂之国家，在芝加哥尤易看出。侨芝外人，以德人为最多，经济权系操于德人与犹太人之手（现市长系德籍犹太人）。当美国加入欧战时，芝加哥市民投反对票，其势力可想见矣。次于德人者为法人。意人较少，惟作奸犯科者，多属彼等。此外，黑人亦不少。美国全国黑人有千二百万，在南部各州中，有占总人口百分之八十者。惟出门不得与白人同车，一切起居饮食亦皆有差别，仍以奴隶后裔视之也。北部虽已打破此制度，然白人在心理上仍不免对黑人加以歧视。芝加哥有黑人十五万，大率集居南市，即房屋价值甚贵之区域，偶有少数黑人迁入，白人辄望望然去之，房价便顿为大跌。黑人虽不若红人绝对不与白人谋妥协，然因积受不平等待遇结果，究难免忿恨之心。白人亦甚畏之也，乃减少其受教育之机会。美国各大学对于黑人，皆限制有一定名额。在政治上，黑人虽亦有被选举权，然现在仅有黑人议员一名列席国会也。犹太人虽亦属白人，美人亦甚恶之。各大学虽未限定犹太人名额，然犹太名字显然易见，各校当局仍得于无形中取缔之也。

环湖区域之繁华　在十九世纪下半纪，芝加哥旧市全付一炬。迄今不过数十年，复一跃而为有三百一十五万人口之大都市，此盖因其地位握东西两部交通之枢纽。且北由五大湖及圣罗棱河，可至加拿大与大西洋；南由运河与密西西比河，可通墨西哥湾也。芝加哥最繁华之区域为沿米其干湖西岸一小部，所谓环湖区域（Loop District）者，其繁华直可与纽约之泰晤士方（Times Square）并驾齐驱。半环之中心为"大公园"，中有一费金百万建筑为世界第一之人工喷水池，半周旁皆为高二三十层之建筑与名胜区，大旅馆尤集中于是。有斯蒂芬旅馆者，有房四千，在全世界旅馆中首屈一指焉。

美国典型街市　美国各大市镇之街道，皆极整齐端直。芝加哥新市建筑不久，尤堪称为美国典型街市。各街市之间隔，皆有一定尺度，所谓Block者，即四面皆临马路之一方片土地也。如由第一街至二百零一街，知其中间相隔为二百Block，即可推测其相距为若干英里矣。

赤手起家数万万　芝加哥为一工商业区域，故在此地可以约略窥测现代资本主义之一斑。在美国内，以一技之长而致巨富者，多至不胜枚举。福特以一农夫子，因发明汽车，坐拥数万万之金钱。爱迪生因为一大发明家而有二百余万家产，无论矣。在芝加哥市中，有专以卖五分钱一包之胶皮糖为业者，现已建筑一高二三十层之崇楼。又，前有一人，因发明将铅笔头上加一块橡皮，获专卖权，因致富二百余万。

两年倒闭银行三百余　惟致富固易，遭穷亦不甚难。在前数年中，各种商业获利，皆如操左券然，故各公司百元股票，有涨至三四百元者。于是凡稍有资产者，皆集金设立银行，借以吸收存款，经营股票投机事业。不料近两年来，因受世界经济恐慌之影响，物价陡跌，于是向日值三四百元之股票，现竟有落至六七十元者，因之银行倒闭之事，日有所闻。仅就芝加哥一地而论，在此两年内倒闭之银行，共约三百焉。营股票投机者，固属倾家破产，而存款者亦因殃遭池鱼矣。

纵的与横的托辣斯　此外，大资本吞并小资本之情形，在芝加哥亦易看出。有以卖茶、咖啡等日用品为业者，在全市内共设支店四百余，因其商品皆系直接向出产地购买，故售价亦颇廉，因以压倒一切同业。若是者名之曰横的托辣斯。又如有若干大商店，皆附设有许多工厂，其工厂之原料，亦多自产或由海外直接贩买而来，因之其生产价格非常低廉。小本营业者，当然不能与之竞争。若是者名之曰纵的托辣斯。

割颈政策　抑大资本之吞并小资本，尚有不止于此者。煤油大王，吾人夙知为最热心公益事业者。吾人到美国时，到处

151

均见有其捐款若干万建筑之学校、教堂等。但当彼最初经营煤油事业时，常亏本贱卖（Dumping）石油，致将许多小营业一齐打倒，然后收买其机械，提高市价，以垄断市场焉。美人谓此种竞争，为割颈政策（Throat-Cutting）。此与汽车大王福特之公正营业者，判然两途矣。

福特与纽约银行家　福特为人孤介，不与纽约银行家联络，纽约银行业者多忌之。某次，风闻福特之困于资也，问需款否？福特漫应之，于是无担保贷款百万。无何，又问需款否？福特仍漫应之，于是仍无担保贷款二百万，无何，又问需款否？福特仍漫应之。问需若干？曰四百万。纽约银行业者因要求须以汽车厂为质，否则须索前二次贷款。福特乃从容将前二次借款支票持出，固未动分文也。纽约银行家自是不敢轻福特。福特乃自设银行，存贮其营业款项，仍不与纽约银行业者往来焉。

十六 "资本主义的新巢穴"之纽约市（一）

纽约将为资本主义最后壁垒 纽约市者，新大陆之惟一大商埠，而资本帝国主义之最新巢穴也。因其挟广饶之腹地，扼交通之枢要，故屈指自欧人于一六二六年，向印第安人以二十四元之代价，购得曼哈坦（Manhattan，即纽约市本部）全岛，以为卸货之地以来，虽迄今不过刚三百年，已能一跃而为新大陆第一商埠。据一九三〇年调查，大纽约市之面积，计为陆三百二十方哩，水五百七十八方哩，共八百九十八方哩，人口共为六百九十五万五千零八十四人（较十年前增一百三十三万五千零三十六人）。就市民言，虽尚稍逊于大伦敦（一九二一年为七百四十八万零二百零一人，一九三一年为八百二十万零二千八百一十八人），而就水陆总面积言，则直超大伦敦过之（大伦敦之陆面积，为六百九十三方哩，本比纽约之陆面积为大，惟水面积则仅一苇可航之泰晤士河，较纽约之跨江滨海者，相差甚远）。近自英国发生经济危机，金镑宣布停兑以后，全世界金融之中心，且已自伦敦之班克区（Bank，为英京银行界之中心），移至纽约之瓦尔街（Wall street，为纽约银行界之中心）。吾人试一比较纽约蓬蓬勃勃如朝日、如幼童之气象，与夫伦敦庵庵沉沉如夕阳、如暮年之情景，则知在最近之将来，有为资本帝国主义之最后壁垒，以与社会主义挣扎者，实在纽约而不在伦敦也。

想发扬东方精神的文明，应先采取西方物质的文明　纽约市原本限于西滨哈德逊河（Hudson R）。东滨东河，最长处约十三哩半，最宽处约二哩，名曰曼哈坦之一狭长形小岛。近因商业繁盛，人口增殖，与附近各市业已打成一片而形成一大纽约市（Greater New York）。惟大企业、大建筑以及旅馆、剧场、古迹、名胜各地，仍几全集中于面积尚不及全市百分之七之曼哈坦岛。本岛与其余四区 Bronx, Brooklyn, Queens, Richmond 以及 New JerSey 市之交通，除汽船而外，则有纵横四布之高架电车（Elevator）与地道车（Subway）以联络之。高架车之桥梁，如虹卧波；地道车之轨道，如蛇穿地，与高插云霄、俨若无数冲天文笔之摩天阁（Sky-scrapers），其工程之浩大，实均出人意料之外。此外，如机械之普遍应用，作事之力求效率，各种企业组织之愈庞大愈严密，亦无往而不可令人叹服。然后知帝国主义之为帝国主义，亦自有其多年之努力与多人之心血，以为其构成之因素，决非从天上凭空掉下。吾人欲打倒帝国主义，其先决条件，亦应积若干年之努力，呕四万万人之心血，从科学机械与建设上，力求凌驾帝国主义者而上之（此系指学帝国主义者之生产方法，并非指学其分配方法），然后始能奋起有功。此决非徒喊口号、空贴标语者所能比拟，亦决非醉心东方文明、高唱中国文化复兴运动者所可语于此也。凯末尔曾有言："我们想发扬东方精神的文明，应首先采取西方物质的文明。"而苏

154

俄自革命以后，亦极力模仿美国大规模的生产方法，并派遣多数学生到美研究机械科学，诚以礼让和平，终不能却帝国主义者之重炮毒气。而任何新的主义，舍从增加生产量入手外，终不能推行尽善也。基于此种理由，除前已将美国西、中两部大规模之农林工商各业稍事叙述外，窃愿将纽约市内各大规模事业依参观之日期，分段略述于后。此并非为帝国主义者大吹大擂，乃以见我国凡百事业之过于落后，冀以唤起国人之强烈注意，力向科学机械与建设上急起直追，以为建设一新的中国之基础云尔！

火车潜驰地面下　余偕凌君勉之、孟君宪章及内子鸿霞，系于十一月一日晨七时半抵纽约。先是当六时许，车已经过Catskill 山脉，沿哈德孙河而抵纽约市之郊外。最初，车行地面，尚可流览沿途景物，无何，即潜驶地底，约二十分许，始抵大中央车站（Grand Central Terminal）。盖纽约市之地皮甚贵，故火车之经过市区内者，其路轨皆建筑于地面下也。下车后，余等乃雇车赴第七路五十街维多利亚旅馆寄宿。

中国城原有华侨两万余　余等在旅馆稍憩后，即雇车赴下市（美国多数城市，皆分为上市 Up town 与下市 Down town 两部）吃杂碎馆，并一浏览纽约市之中国城。此处之中国城，共有短街数道，除旧金山外，在全美当首屈一指。原本有华侨二万余人，近两年来因谋生不易，被迫回国者几达三分之一。至各侨胞在此所经营之商工业，除杂碎馆、洗衣店及普通杂货业外，尚有国内各要人所设立规模较大之商业，如古玩店、国产特货批发店等。有久茂升皮货店者，专贩运西北皮货，年可作三百万元贸易，为华商之巨擘焉。

华侨公共机关　在此地之华侨公共机关，有中国国民党美东总支部、中华会馆、安良总会及小学两处。报纸有国民党左派所办之《民气日报》，中立性质之《纽约商报》，国家主义派（在此地之国家主义派又分两派）新出版之《国权报》（四开周刊），中国共产党之《少年先锋》小杂志，以及抗日救国特刊等。此外并有中国旧戏园两处。

侨胞对满变之热心　此地侨胞，除约二三百留学生（按一九三〇年统计，哥伦比亚有二百零五人，纽约大学有八十一人，至其他学校仅一小部）外，仍以广东四邑人为最多。除关于政治主张有国民党左、右派，共产党，国家主义派，致公堂，保皇党外，而地域及族姓之畛域亦甚深。惟此次对东北事件，则排日抵货、渴望祖国强盛之心却一致。除踊跃乐捐款项（最多有捐千金者）汇助马占山军外，并集资发行抗日救国特刊，发起在美国之纽约、芝加哥、旧金山及波特兰（Portland）四处，开办华侨航空学校四所，养成军事航空人才。又，每周请人作对时局之公开讲演，每次辄到数千余人，鹄立数小时而不倦。自沈变发生以来，国内学生之激昂既如彼，而海外侨胞之热心又如此，则知我中华民族并非颓唐暴弃、甘于亡国之民。负军政责任之衮衮当局，对于此大好民气似应及早设法运用，以与日帝国主义者作一殊死战。庶不致自毁革命之旗帜也。

美人群赴中国城观偶像 中国城之名词，纽约人多知之，甚至作《纽约指南》者，且将其列为纽约名胜之一。每晚，公共汽车公司特开专车一辆，以备前往游览者搭乘。乃我国公家及私人，不能仿效日侨之在纽约者，搜集各种在学术上富有价值之文物公开陈列，以引起美国人对我国之敬仰心，徒令好事者得以利用美人好奇之心进修关帝、观音、土地、偶像，借以骗取少数之票钱，以启外人轻我之心，可慨也已。

留美华侨男子远多于女子 在美国于华侨中，男子数目远超于女子，实为一极可注意之现象。此因：（一）美政府固限制一般华侨入口，而对于女子尤加严，免致滋生繁殖。（二）华侨知识率简陋，出身率低微，即富有资产者，在政治上亦无若何权利（仅生于美境者，得被承认为美国市民，有选举权）。故生于美境之华侨女子，多不屑于嫁华侨，而以外交官或留学生为其惟一之乘龙上选。（三）美国人对于种族差别之观念，实较其他任何国家为浓厚，尤其是对我华人非常轻视。在西方各地，有不屑与华人理发者，有不愿将房屋租与华人者。在各大学中，美国女生尽可与华人男生谈笑自若，然一到街市上，即求与一点首为礼亦不可得，因彼恐人见其有华男友，即无形中降低其社会上之地位也。故华侨欲与一美国女子结婚，直为一种缘木求鱼之事。因此种原因，故现在华侨在美国者尽有约十万人，倘美国经济界长此凋敝不振，不需二十年，即可被驱除净尽也。

载人三百余之全球第一大飞船 是日，适为美国新造全球第一大飞船 Akron 号初次载客自华盛顿经由纽约至罗山格尔之期，体积庞大，俨如蔽天之鹏，除载客二百七十人以外，并载航空士三十余人。美国近来对于航空事业非常努力。去夏在芝加哥作飞行速度竞争时，因在空中冲突致坠地而死者不少。今夏在纽约演习空军，六百架飞机同时排队飞行，天日为蔽。其作第二次世界大战准备之积极为何如耶？

外交官口中之外交失败原因谈 二日上午，晤纽约总领事张谦君。据云，日本在美使领机关，缘有多金，因得与各国外交界常相周旋。其国内各大报，亦多有新闻记者驻此，以与美新闻界相联络。此次美国朝野，对东北事件之态度，显然袒日，远出我国人平素期料之外（现因日本气焰万丈，俨有乳虎食牛之概，美国恐将来受其威胁，态度已较最初大变），实暗中受其影响不少。我国使领经费积欠，既无可周旋之金钱，对外宣传阙如，又缺乏可供给之消息，致令一般办外交者坐困愁城，一筹莫展。言之慨然。

全美第一大美术馆 下午，偕哥伦比亚大学师范学校毕业生喻传鉴君参观美术博物馆。此馆系私人创立，实全美惟一最大最富之美术机关。所陈列品物，为图画、雕刻、建筑、乐器以及各种装饰与工业美术品。其古代美术，包含有埃及（有石室、石棺与木乃伊数十具）、巴比伦、亚西里亚、腓尼基、塞普洛斯岛、干地亚岛、希腊、罗马等部。其远东美术，包含有我国、日本、高丽、印度等部。在军器部分中，列有各国各时期之盔甲刀枪之属。有一土耳其苏丹所用宝剑，全由宝石与金刚钻嵌成。馆内附设有一美术图书馆，藏有我国及其他各国美术书籍四万卷，并图画五万五千片。

埃及方尖碑　馆后中央公园内，树有埃及古代方尖碑（Obelisk）一幢。此碑由一整石凿成，高六十九呎半，底为七呎九时乘八点二五时，重四十四万八千磅。三千五百年以前，埃及王 Thotmese 第三（纪元前一五九一——一五六五）在位时，特由距开罗（Cairo，埃及京城）数千英里 Syene 之花冈石矿中凿成二碑，搬运于在开罗附近 Heliopolis 之太阳庙中。碑四面正中之字，即当时所刻，两旁者则系以后续刻。及纪元前一二年，罗马征服埃及，凯撒乃在非洲北岸亚历山大历亚城建筑一凯撒庙，命将此二碑移立其中。至一八七七年，英国将其中一碑运至伦敦，建于泰晤士河旁；另一碑亦于同年由埃及 Khedive 赠送美国。美国耗运费十余万金，运至纽约，于一八八一年时将其树于中央公园。此碑质料，坚硬逾恒，近代刻石诸器械，均不能伤其毫末。在数千年以前，埃及人如何凿之？如何运之？又如何树立之？乃考古学者尚未解决问题之一也。

北美中国报纸不下二十　晚，应陈春圃、李哲铭夫妇宴请。陈君主《民气日报》笔政，兼肄业纽约大学，攻政治。李女士前曾留学俄、法，近则肄业哥大师范学院。据陈君云，华侨之在北美者，共出日报不下二十，至在欧洲，则无一处。由纽至欧，仅五六日程，故留欧侨胞关心国事者，多订阅《民气日报》焉。

百老汇路 晚餐毕，游观百老汇路（Broadway）。此路本身，贯通曼哈坦岛，长三十余英里，其南端两旁，高屋插天，道路窄逼，罕见天日，有若豁谷。各大商店、公司、银行之总机关，大率汇集此处。每逢下午五时许，因届散值，街上行人，肩摩踵接，途为之塞。中部当 Times Square（纽约泰晤士报馆所在）一带，则为娱乐场、大旅社所会萃。晚间，电灯广告光辉烛天，花色新奇，富有美术价值。美国近代之繁华，为全球冠。而此一区，又美国花花世界之核心也。

浩如烟海之纽约博物馆 三日晨，赴美国博物馆（American Museum of Natural History）参观。此馆为一私人学术团体，因经费之丰富，历年特派许多考查团到各地搜集材料。吾人如非健忘者，当尚忆两年以前，有一安得鲁思（Andrews）其人者，率领团员多人及骆驼约百匹，在我国新疆、蒙古一带，私自探掘年余，除将我国西北部之宝藏饱载而归外，并摄制有多数国防图片。事后经我国文化团体呈请当局，将该氏驱逐出境，而美国各报纸竟以我国垄断世界文化宝藏为词，极力著论攻击我国。安得思者，即由此博物馆所派出之中亚调查团之领袖。而该团工作之成绩，如《中亚调查记》四巨册，以及中亚古代动物骨骼（有小而无角之亚洲产 Dinosaur 骨骼约二三十具，与美洲产古代伟大兽类 Dinosaur 大略相似。因此，可证明亚、美两洲在远古时并未分离）及鸟卵化石多种，使吾人游览之余，犹不禁发生无限感慨也。（该馆陈列我国物品之足记者，除上述外，尚有在北平西南周口店所发现百万年之北京人头骨，及在黄河下游所发掘大如小西瓜之中国产驼鸟卵化石。）是馆为一所六层建筑，大自古代庞大动物骨骼，小至纤细微生物（其所搜藏之古生物，有二千万年以前者），无不具备。搜罗洪富，当推全美第一。兹将其尤奇特者，约举如下，以见一斑。

长六十余呎之古生物骨骼 （一）最大兽类骨骼，首推在美国怀俄明（Wyoming）州所发现，约产于数百万年前之 Great Amphibious Dinosaur（Brontosaurus）。该兽小首长颈，颈、身、尾三部，约略相等，其骨骼之一部，已变化为石质，计长六十六呎八吋，高十五呎二吋，生前重量，推测约四十吨，仅一已变成石质之大腿骨，已重五百七十磅。其次有（A）Tyrano Saurus Rex，头可五呎，长四十七呎，高十八呎半。（B）Gigantic Carnivous Dinosaur），仅有两足，立可高两丈。（C）Duek billed Dinosaur，鸭嘴有冠，前足甚短，连尾长二丈余。Crested Dinosaur，冠长四呎，身长两丈余。（D）Three horned Dinosaur，三角四足，长二丈余。（E）Platesaur，长两丈许，如龟。（F）Armoured Dinosaur，有甲如龟，甲旁有刺。以上各动物，古生物学者统称之为 Dinosaur 类，其身体之伟大，除北美以外。世界各地殊少见也。

由骨骼等证明生物界演进 （二）由种种骨骼、标本及图表，证明生物界之如何演进，如何分枝。其关于人者，有：（A）由鱼类进化为猿与人所经过之八阶段；（B）由普通猿猴进化为与人相近之四种猿猴——Gorilla、Chimpanzee、Orang Utans、Gibbon——再进化而为现世界五大种人类（系用真头盖骨排列成一图形）。

大规模化石 （三）大小化石，无虑数万。其最珍贵者，有长丈五呎许之鱼化石（Giant Bull dogfish），长四呎许之鱼骨头化石（推测该鱼生时之长，为十五——二十呎），长三丈余之木化石，直径两呎之螺化石，直径六呎之龟化石。

伟大鱼类 （四）宽十七呎（最大者闻达二十二呎）、形似蝙蝠之大翼鱼，长六呎许、银白扁圆形之月鱼，长七、八呎许之太阳鱼，暗中能放光之各种深海鱼，青皮红脊、长十二呎三时之橛鱼（Oakfish）等。

长三呎余之虾 （五）一八九七年捕于纽朱色（New Jersey）州海岸，长三十八时，生时重约三十四磅许之虾一对。

大如洪钟之鲨鱼牙床骨 （六）北美冰河时代所产白鲨鱼（Shark）之牙床骨化石模型。有十牙，长各四呎半，望之如洪钟然。据推测，该鱼生时，长约四十八呎。

直径十五呎之木轮 （七）美西加州所产大木。其陈列之一轮。直径为十五呎。该木伐于一八九一年，其年轮推算，其开始生长为西元八五一年，即罗马时代，其年龄共为一千零四十岁。此项大木，独产于加州山中，据植物学者研究，其最高年龄约为五千至八千五百岁云。

全世界第三大陨石 （八）有大小约五百之陨石（质似铁）。其最大者，高六呎六吋，长十呎，有孔穴无数。系发现于美西Portland山中，全世界第三大陨石也。

已知宝石应有尽有 （九）珍宝部。珍藏现世界已知之各种宝石，应有尽有。乃大银行家摩根氏（Morgan）捐赠。有一木化宝石，直径呎余，彩色炫烂。旧日年轮，犹清晰可辨。

教育用具 （十）教育部。陈列有用电力可以开动之太阳系运动仪器。有日、月蚀与火山活动状态灯片，有教育盲者所用之地图、地球仪及其他器具。

纽约博物馆之陈设，虽若是浩如烟海，然却无入门券规定，使一般市民及学生均得有机会充分利用。是亦美国社会教育设备完美之一端也。

下午，赴中国学会（China Institute）晤孟治君。旋由孟君驾车，导游下列各处：

尺地斗金，市中有面积五十顷之大公园 （一）中央公园长二哩半，宽半哩，面积计八百七十九英亩，约合我国五十顷地。园内有丘，有水，有草地，有森林，有跑马场，与我国北平三海公园约相等。惟建筑物却远逊。然在尺地斗金之纽约市之最繁华区域中，而辟有此面积广大之公园，足征外人对市民卫生之讲求矣。

全世界最大教堂 （二）河边教堂　系煤油大王捐资建筑，

尚未竣工。堂共十九层，高四百余呎，陈列辉煌，规模宏大，实为全世界教堂中之最大者。美国向以"金元"为国魂，一般人民纸醉金迷，几不知道德为何物，故宗教之在美国，业成强弩之末。每当教堂作礼拜时，参加者大率为老人、妇女及儿童辈。彼等多视教堂为俱乐部，以为每星期日息游佳所。真皈依宗教者，恐未必有几也。

格兰特与李鸿章　（三）格兰特墓　格氏为南北战时北政府将军，后以功被举为大总统。曾游我国，与李鸿章有旧。殁后，李氏特寄赠一银杏树，植其墓后，迄今仍挺然存在也。

长四千八百呎之悬桥　（四）华盛顿纪念桥　此桥联络纽约与 New Jersey 两市，是世界第一大悬桥。一九二七年始工，一九三一年完成，计费款美金六千万元。此桥两旁铁柱，高六百三十五呎，柱之平断面为二百一十乘六十五呎。两柱间悬空部分，长三千五百呎，合之与两旁陆地连接部分，共四千八百呎。在各铁柱尖端，各悬有由细铁丝捻成、直径三呎之铁索，以与对面铁柱及陆地相连接由此索上，垂悬甚多之较细铁索，以系于担承铁轨之横枕铁上。此桥建筑费完全得自公债，刻特设有一征收机关，抽收车辆及行人捐税，俟公债清偿后，即行停征。与我国之不修路、只要钱者，旨趣迥异矣。

供给七百万人饮用之大自来水公司　（五）自来水源　美国电气交通事业，皆由民营，独自来水一项，则限由各市政府办理。纽约市人口近七百万，其饮料与洗涤所用之水，全由一自来水公司名 Catsill Mountain Water System 者供给之。此自来水之源为二湖，吾等所参观者，即仅距纽约市三十哩之小而近者也。湖旁有小池一，中设无数水管，湖中之水，先由此等管中喷出，借得吸收空气与日光。空气所以使水味甘美，日光则所以杀菌也。池上有房一座，地窖内设有一无声电压机，用极大压力将水由地下铁管中送至市内。然仅就表面观之，门户严扃，阒无声息，几等于一座空室也。此自来水工程之建筑费，为一万七千六百万美金。

煤油大王别墅与颐和园相伯仲　由纽约市至自来水源，两旁树木森列，景物秀丽，往来汽车，络绎如织。虽云乡间，然以较之我国各大都市，汽车之多，犹远过之。煤油大王避暑山庄，即建筑于此路附近山中，宏大华丽，直与我国之颐和园相伯仲。他在美国西、南两部，尚有同样壮丽之别墅多处。美资本家势力之雄厚，"富敌王侯"四字，远不足以形容之也。

美报纸无从为我帮忙　四日晨，世界电报社（World Telegraph）记者来，询问："马占山与张海鹏间战事如何？"余答我国朝野上下一致反日，并无反日派与亲日派之分，不过间有少数人因环境关系，不能不权与日本虚与委蛇耳。次问："中国将来有何方法驱逐日兵出满洲？"余答中国人民之热血，现在因日帝国主义者火焰之燃烧，已滚腾至沸点以上。将来一旦与日宣战，不难一举而征集数百万义勇军。我国有形之军器，虽较劣于日本，然就无形之军器，即所谓士气与民气者而言，却优于日本百倍。师直为壮，曲为老，观于合众国之能战胜强英，则知我国之终必能胜日本也。次，余反诘伊："报纸贵主持公道，乃美国新闻界此次对中日事件，多偏袒日本，甚至有作文警告胡佛勿采取干涉主义者，是否美国新闻界受有日本贿赂？"伊答："受贿赂无其事，不过报道采有闻必录主义，此次满洲事变发生后，只见有日本方面宣传之材料，并未见有中国方面宣传之材料。美国各报纸虽欲为中国帮忙，其道无由。"是言虽属曲解，却亦不无相当理由。自东北事件发生以后，日本驻欧美各国大使皆非常活跃，乃我国之驻法、美、德、日、意者全系代办，即欲与各国重要当局一晤面，亦属不易。驻英公使施肇基，又因出席日内瓦，不能分身与英政府折冲，不知我国之设驻外使节，为办事乎？为门面乎？抑仅为许多阔人加一公使头衔，使逍遥国内以遥领乎？至论及宣传事业，更属痛心。我国迄今未在海外设一电讯机关，所有关于我国新闻材料，全为路透、联合等通讯社包办向海外传布。彼等皆为帝国主义者喉舌，当然不能希望由狗口吐出象牙，而各驻外使领馆与外交部之间，因撙节或根本无有电费（因使领馆经费已积欠多月）之故，彼此之间，常失联络。外交部常电责驻美国某领馆，外人常常造谣，为何不想法宣传。某领忿然对余言曰："领馆欲知本国消息，尚须依赖外国报纸，又有何材料向人宣传耶？"似此情形，外人虽欲助我，又何从明了我国之真相耶？噫！

百零二层高楼 晚，赴世界第一高建筑 Empire State

166

Building 参观。此崇楼有一百零二层，全高一千二百五十二呎（本身八十五层，高一千零四十三呎，顶台 Dome 十七层，高二百零九呎，另有地下室两层），较之久以世界最高建筑著名之巴黎爱非尔铁塔（Eiffel-Tower），尚高二百六十六呎。质言之，即高度约等于我国一里也。其所占之地皮，长四百二十四呎，宽一百九十七呎，其全楼板面积，共六十三英亩，全体积共三千七百万立方呎，全建筑所用之钢铁材料，需长十一英哩之列车方能运载之。除供商业及观众使用者外，有足供二万人居住之室。电梯除供特别使用者外，有普通用者六十二具。每日乘客，平均在五万人以上云。

建筑凌霄阁之主要条件　纽约高出云霄之崇楼，普通名之曰凌宵阁（Sky Sciapers）。此种最新建筑，可以名之曰美利坚式，因全世界其他各处，皆无如此崇高之建筑也（欧洲各大都市房屋，皆由政府为规定一定高度与层数，普通为四五层，故望之甚为整齐划一，与美国式绝然不同）。建筑此种凌霄阁之主要条件，除纽约地层全为岩石，富有极大之撑持力外，不能不归功于钢笼系统（Steel Cage System）与电梯（Elevators）二者。所谓钢笼系统者，即将用铁梁柱与火钉融成之铁架，重重叠置之谓。在此种建筑中，墙壁作用仅等于遮蔽风雨之盾。在各铁架上层，则附以钢铁网式之天花板与三合土之地板以及由石与铁所筑之楼梯。质言之，即此种巍大建筑，并不用方寸木料，虽烈火亦无如之何也。崇大凌霄阁之屋体重量，常十余万吨，故其基础之深，亦常在地平线百呎以下。除数层地下室外，余全用与造桥梁工程相同之沉柜（Caisson）累积而成，以与地下岩石层（Bedrock）相衔接。至电梯之作用，可名之曰垂直的铁道。其最速者，每分钟可行五百至七百呎，与快车完全相似，且极平滑，于其下面，常设有一空气井（Air Well），以防危险焉。

纽约凌霄阁兴起小史　纽约市内各凌霄阁之兴起，半固由于美人之多金而好奇，半亦由于商业上之需要。盖各大公司所雇之职员，常达数千以上，在纽约尺地斗金之区域内，势不能不竭力向垂直的方向发展也。在五十年前，纽约最高建筑，为三位一体（Trinity）教堂三层高钟楼。凡往来纽约者，皆以一度登临为快。迨后，较高建筑逐渐兴起。自一八九四年曼哈坦生命保险公司采取沉柜制度，将屋基掘深至五十五呎，以建筑其高十八层之凌霄阁以后，打破高度纪录之事，遂年有所闻。在三年以前，纽约最高房屋，本为 Woolworth Building. Woolworth 氏以卖五分或十分钱货物起家，建筑此屋，故名。高七百九十三呎，共六十层，建筑费为一千一百二十五万美金。登临者，每人仅收金五角。一九三〇年，Chrysler Building 竣工，高一千零四十六呎，主楼五十六层，顶台十二层，建筑费为一千五百万美金。一九三一年，Empire State Building 完工，遂打破一切高度纪录，而为全世界第一最高建筑焉。

一楼费五千万美金建筑费　Empire State Building 之建筑费，为五千万美金，内含所拆毁原有旧建筑 Waldorf Astoria 价值一千三百万在内。资本主义社会之建筑房屋，以赚钱为目的，非以解决人民住的问题为目的，可以概见矣。此崇楼之游览券，为每人美金一元，现除房租不计外，每日仅此一项之收入，已辄达数千至一万金云。

罗盘针现七度偏差　美国式之崇楼，既全系由钢铁堆积而成，而纽约市又为是项崇楼会萃之区，除上了曼哈坦凌霄阁林（Skyline）不计外，其余各地，亦到处均是二三十层房屋。据航行者经验谈，在纽约港内停泊之船，其罗盘针之指针，与离港后较，常现出七度之偏差，其影响之大，概可知矣。

纽约图书馆　五日上午，参观纽约公共图书馆（New York public Library）。此馆由Astor、Lenox与Tilden（美国三个资本家）基金所建筑，占面积二方（Block），除地皮外，房屋计值九百万金，共藏图书三百万卷。其关于中国、犹太、南斯拉夫等国书籍，特各辟一专部陈列。

另设盲者研究部一处，藏有凸形（Cembossed Type）图书万二千卷，乐谱五千八百卷，杂志报章各若干，用以表现近代各国语言。闻此等盲者中，多有不假伴侣自行前来者。除本馆外，在全市中共有支馆四十四处，其中三十七处，皆由市政府供给基地，由钢铁大王Andrew Carnegie捐资建筑。综计本支各馆，每年借与市民在家阅览之书籍，达千万册以上云。

四十六　由南洋至上海

星港途中　二月二十日下午，船离星嘉坡，遥见多数岛屿夹列两旁，形势天成，自此遂入南中国海。因船径直向北偏东行，气候渐凉，涛浪亦渐腾。在此数日中，我军抗日申江，迭获胜利，专电日必数至。舟中余西客二三十人，大率皆到沪登岸者。当欧战初发，皆以中国与日本抗，直不啻执箸以挞机枪，抵沪以前定可解决，甚至有笑中国不知自量者。至是，咸料战事必持久，除刮目看待吾人外，无不有能否登岸之问题盘旋于脑海。各种娱乐场所遂静可罗雀，无复从前喧扰矣。二十五日晨，船泊九龙。适值此地冬季，旅客遂全易毛衫呢服，如前在地中海然。相差五日，冬夏悬殊，轮船不仅有缩地之方，抑且有缩时之力矣。

港九割租之痛史　九龙为珠江口东岸一小半岛，南与香港隔海相望，两地距离，最狭处尚不一里。香港建于一同名之小岛上，北距广州二百七十里，岛长三十三里，宽由六里至十五里，面积约二百九十方里，鸦片战役被英占领（道光二十一，即一八四一）。翌年，南京约成，遂割与之。英法联军之役，清帝蒙尘，中英北京约成（咸丰十年，即一八六○），复将九龙司一部割去。甲午战后，列强纷纷占我军港，英又乘机扩充九龙地界（光绪二十四，即一八九八），约以九十九年为租期，而我珠江流域门户，遂半掌握在英人手矣。合港、

170

九两地计，共有面积三百九十一方英里，居民八十四万零四百七十三人（一九三一），除陆海军外，其中非我华人者，仅一万九千三百六十九人耳。江山犹是，人民依然，而主权已非我有，未识何日方能重睹汉衣冠也？

香港概况　船泊九龙后，即乘渡轮往香港。香港当未割让英人前，仅一荒岛，合渔夫、渔盗、凿山石者与私犯违禁物者计之，尚不足五千人耳。英人以其形胜，竭力经营，因山筑室，填海成陆，未及百年，已成远东一重要军、商港（港面积有十方英里）。岛北岸街市所在，普通名之曰香港者，官名实称为维多利亚。由海岸至山巅，约成二十三度斜角，街道堆叠而上，约分四级：第一级为埠头及商务区、市肆繁华，人烟稠密，有如广州，几全为我华人商店；第二级为政府机关及各公园所在，书肆亦多汇集市区，绿竹及半热带植物夹道成荫，境地清幽；第三级为居住区，报馆亦多，华字报纸无虑十家，而以国民党左派报纸《南华日报》为最著；第四级普通名山巅区（peak），拔海一千五百至八百呎，夏季温度约与山麓相差十度，有电车可达，仅限白人居住。全市有人口五十七万七千五百（一九三〇），如就全岛论，则共有六十七万，除华人六十四万、英人八千外，余属其他约三十国籍。香港市为一自由港，商品除酒精、烟草、汽油外，全不征税。以此为集散中心之货物，主要者为樟脑、煤炭、棉花、面粉、麻布、皮革、金属器、火柴、石油、米、丝、糖、锡等，俨然为我珠江流域各省一大出纳口。在一九三〇年时，

171

税收达二千七百八十一万八千四百七十三元（港币，与国币形式相同，惟价值略高）。有一精良广大之船坞，故造船业亦盛。英国派有总督驻此，下设有行政、立法参议会各一，前者有议员九人，后者有十八人。

全岛览胜　余等流览全市后，乃至一广东馆早餐。馆外表虽楼房数重，然一入其内，尘痰遍地，污秽几不堪入目。金玉其外，败絮其中，真我华人之劣根性欤？粤港饭馆通例，有客至，便将所有点心一一持来，陈列满桌、毕，仍照所食件数计值，不食亦无伤也。旋雇汽车，巡游全岛。则见道路整洁，森林茂郁，宅第轮奂，浴场幽洁，岛屿环绕，渔舟上下。游目骋怀，心旷神怡。在九十年前尚系一荒凉寂寞之孤岛者，今竟一变而为世外桃源，以视吾国内地旧日各富庶区域，现反多沦为瓦砾、荆棘场者，相差奚啻霄壤？吾人如再不发奋淬厉，从建设事业着手，尚复有何面目高谈革命、唾骂帝国主义耶？是日适遇风，车行山谷间，虽衣重呢，亦不胜寒。遂由岛中部绕回香港，乘轮返九龙。

九龙一瞥　九龙面积虽远较香港为大，然商务却相差远甚。船埠一带仅有小商，向北约二三里许，始为繁盛市区。再北，即为旧日九龙城。广九铁路，由九龙发轫，北达广州，在英界内者共约六十六里。香港每到晚间，金山电灯齐放光明，自九龙望之，灿烂夺目，有若白昼，不愧为一花花世界。晚间回舟后，晤新由沪至粤之郑君，始悉国内报纸误载余等在欧出险，谓某也惨死，某也失踪，言凿凿像煞有介事，真可谓白昼见鬼也。

到泸时之感伤　二十六日晨，由九龙开船赴上海，风浪益大，过台湾海峡附近尤甚，一若显示太平洋上之风涛，远比世界其他各地为险恶然。幸舟全沿海岸行，时见山岛隐现，渔舟上下，尚可稍破岑寂耳。依预定行程，船本于二十九日方可抵泸，因恐泸战愈久愈烈，将进口愈难，乃兼程骞进。二十八日下午二时许，已抵吴淞口外，则见高悬太阳旗之海船，往来频繁，想系输送军实，而排列整齐之日军舰十余艘，正集中炮火向我吴淞炮台扫射。在泸战期中，我国因受不平等条约之束缚，不能将吴淞口封锁，各国船只仍得畅行。日帝国主义海军遂利用此弱点，每当外舰出入口时，特借为掩护，加紧轰射，我炮台守兵深恐误中他国船只，不得已只有以沉默报之。狡哉，日贼！而哀哉，我也！经英轮与日军舰以旗语交换意见后，遂在炮火线下开足马力，疾驶入口。西人乘客目的只在安全登岸，一旦出死入生，当然莫名快愉。讵有一留美官费生苏人某，当全船华人哀戚悲愤之际，竟与同船西客作相扑戏，鼓掌欢呼曰："吾等幸已平安矣！"凌君勉之恶其举动轻狂，不知忧天下国家事也，乃厉声叱之曰："尔固平安，尔当知国人死于敌军炮火下者甚多。况敌军得寸进尺，寻将及尔乡里，尔又未必真正平安耶！"呜呼！国家岁靡巨款，竟造成如此之留学生，能不叫人痛哭！舟入口后，目触吴淞全市尽成瓦砾，浦西建筑亦多破毁，江湾迤西火光熊熊，黑烟阵阵，不下数起。"但使龙城将军在，不教胡马度阴山。"今日贼竟深入堂奥，劅刀我胸，我辈军人能勿愧死？浦江满泊外国军舰，不下数十，我国间有数艘，亦正深匿他国军舰尾后，韬光养晦，未识我国兴办海军果为何用？而往来沿江沿海轮船污秽拥挤，逃难同胞人山人海，横仰竖卧，有如肉货，即在各国殖民地中亦无如此怪状。乃抵沪，承多友迎馆于一品香。偶询国事，知各派分道扬镳，明争暗斗，较前加厉，已足伤心。乃夜静更深，又只闻"啪啪"之麻将声，"呀呀"之清歌声，与闸北一带"轰轰"之炮声，遥相应和。"商女不知亡国恨，隔江犹唱后庭花。"民族颓唐堕落，不图竟至于斯！当环游各国时，每闻见及他人之长处，辄回忆及国人之短处，虽其刺激为间接的，已不胜其悲愤。乃走进国门，凡目所见、耳所闻者，竟无一非亡国灭种现象，且较去秋离沪时，有过之无不及。孤灯明镜，偕影晤坐，默念国家前途，心胆全为破碎。吾书至此，吾手已栗，吾喉已梗，吾泪竟不禁夺眶而出。吾不得已，于此结束吾之游记。呜呼！是岂余等出国时所及料哉？是又岂余等返国时所及料哉？

吉鸿昌年谱

1895 年　出生

10 月 18 日，出生于河南省扶沟县吕潭镇。

1901 年　6 岁

母亲去世。年幼的吉鸿昌在父亲的茶馆帮忙。

1907 年　12 岁

进入私塾读书。

1909 年　14 岁

因经济困难辍学，在茶馆帮忙。

1911 年　16 岁

到周口镇学徒。

秋天，与刘秀荣结婚。

1913 年　18 岁

秋天，入伍，进入北洋左路备补军左翼第二团成为一名军人。

1914 年　19 岁

奉命进入陕西进攻白朗起义军，吉鸿昌随军行动。

9 月，在西安被选入模范连。

1915 年　20 岁

夏天，随部队进入四川。

1916 年　21 岁

6 月，结束四川的战斗后，返回河北廊坊。

1917 年　22 岁

7 月，被任命为排长，讨伐张勋复辟。

10 月，在浦口训练新兵。

1918 年　23 岁

春天，吉鸿昌奉冯玉祥令向湖南进发，在武穴停止前进。

6 月，在湖南常德驻扎，被任命为连长。

1919 年　24 岁

春天，参与修筑常德至津市的公路。

秋天，进入第二期军官教导团第二期受训，结业后回来原来部队。

1920 年　25 岁

春天，因为所部士兵违犯军纪，遭到撤职处分，不久后官复原职。

7 月，直皖战争爆发，随部队移防武汉。

11 月，移防河南信阳。

12 月，回乡探亲，和父亲一起筹备建立小学校，资助贫寒子弟读书。与刘秀荣离婚。

1921 年　26 岁

5 月，随部队进入陕西，被任命为营长。

6 月，参加进攻西安的战斗。

7 月，在咸阳郊区练兵。

1922 年　27 岁

4 月，吉鸿昌从咸阳出发，对奉军作战。

5 月，率部驻防开封。

8 月，回家探望生病的父亲。

11 月，随冯玉祥进驻北京。

1923 年　28 岁

到豫鲁皖边界招募新兵。

1924 年　29 岁

春天，训练新兵。

9 月，第二次直奉战争爆发。

10 月，参加首都革命，驻防在西苑。

12 月，驻防绥远归化市。

1925 年　30 岁

春天，被任命为绥远督统署副官长。

5 月，被任命为督统署警务处处长兼骑兵团团长。

夏天，围剿绥远境内土匪。

1926 年　31 岁

4 月，指挥部队修筑归化通往武川、四子王旗的公路。

5 月，被举荐为第三十六旅旅长。

6 月，指挥第三十六旅进军甘肃。

8 月，击败陇东镇守使张兆钾的部队，解兰州之围。

9 月，支持冯玉祥组织国民联军的行动。

10 月，指挥第三十六旅进入陕西，发兵解西安之围。

11 月，驻防渭南。

1927 年　32 岁

春天，移防潼关。第三十六旅扩编为十九师，任师长。与胡兰英结婚。

4 月，进入河南作战，连续占领洛阳、巩县。

5 月，占领郑州。

7 月，在巩县夜渡黄河。

10 月，在兰封会战中大胜。

1928 年　33 岁

1 月，回乡探亲，准备新建中山学校。

5 月，日本帝国主义制造"五三惨案"，吉鸿昌请战被拒。

7 月，移防山东。同月，十九师被取消番号，师长之职被撤免。

9 月，奉命再次进入甘肃，接替佟麟阁担任十一师师长。

12 月，赢得天水保卫战胜利。

1929 年　34 岁

4 月，收复银川。

5 月，被任命为第十军军长，两次击退马仲英部的进攻。

7 月，成为宁夏省主席。

11 月，奉命率部进军河南，参与蒋介石冯玉祥之间的战斗。

12 月，奉命出潼关增援。

1930 年　35 岁

1 月，打败蒋介石前哨部队，进驻铁门。

3 月，调任总司令部副官长。

4 月，任第十一师长。

6 月，在杞县大败蒋军。

8 月，吉鸿昌代理总指挥，指挥部队在陇海线上发动进攻。

10 月，吉鸿昌所部为蒋介石收编。

1931 年　38 岁

1 月，进攻鄂豫皖苏区，所部一个团被红军消灭。

3 月，拒绝执行蒋介石进攻苏区的命令。

8 月，蒋介石军队包围吉鸿昌部队，强令吉鸿昌交出军队。被免去一切职务，强迫出国考察。

8 月，在江家集发动起义，投奔苏区，各方面条件不成熟的情况下失败。

9 月，赴上海准备出国考察。

9 月，"九一八事变"爆发，抗日请求被蒋介石拒绝。

9 月，乘坐美国塔夫脱总统号轮船赴美。

10 月，抵达美国西雅图。在维多利亚，吉鸿昌回答美联社记者提问，表现出拳拳爱国抗日之心。

11 月，抵达古巴首都哈瓦那。

11 月，应邀参加古巴当地爱国侨胞举行的孙中山先生诞辰纪念会，发表演讲。

12 月，赴欧洲各地参观访问。

1932 年　37 岁

1 月，到丹麦哥本哈根等地参观访问。

1 月，从法国马赛回国，在回国途中得知上海抗战消息。

2 月，回到上海。

3 月，与中共地下党员浦化人见面。

3 月，返回天津。

5 月，与孟宪章合著的《环球视察记》出版。

7 月，与中共北方政治保卫局负责人吴成方见面。

8 月，去上海，准备发动旧部起义。

9 月，起义失败后带领一部分部队进入苏区，受到苏区领导人的欢迎。

10 月，离开苏区回到上海，之后返回天津。

10 月，到泰山同冯玉祥商议如何抗日救国。

11 月，加入中国共产党。

1933 年　38 岁

3 月，赴张家口，与冯玉祥讨论抗日问题。

4 月，劝说四十一军军长孙殿英抗日。

5 月，察哈尔民众抗日同盟军成立，被任为第二军军长、张垣警备司令兼警察局局长、公安局局长。

6 月，在抗日同盟军第一次军民代表大会上当选为军事委员会常委。

6 月，被任命为北路前敌总指挥，率部收复康保。

7 月，收复宝昌、沽源、多伦。

8 月，面对蒋介石军队进逼，通电反对取消抗日同盟军。

8 月，抗日同盟军军事委员会成立，被选为常委、军事总指挥。

9 月，在独石口与方振武的部队会合。

10 月，在大小汤山地区与蒋介石军队遭遇，浴血奋战。

10 月，秘密返回天津。

1934 年　39 岁

春天，通过宣侠父和党组织建立联系。

5 月，在天津成立反法西斯大同盟，成为大同盟中央委员会领导人之一。

夏天，秘密召集原西北军中主张抗日的爱国军官到天津集训。

11 月，在法租界国民大饭店遭到特务开枪射击，后被法租界工部局逮捕。被押送至五十一军军法处，转入蔡家花园陆军监狱，后被押解至北平陆军监狱。

11月24日，在刑场上写下"恨不抗日死"的诗句，英勇牺牲。